現代の経営学

菊池敏夫　櫻井克彦　田尾雅夫　城田吉孝〔編著〕

新川　本・日隈信夫・高橋　真・藤波大三郎・
加藤里美・小野　琢・江尻行男・田中正秀〔著〕

税務経理協会

はしがき

　経営学という学科は社会科学のなかでは比較的新しい若い学問である。経営学の創成期の代表的著作であるテイラー（Taylor, F. W.）の『科学的管理法』が出版されたのは1911年，今から107年前である。企業および経営の問題を研究対象とする経営学の理論は多様な問題を解明し説明原理としての役割を果たしてきた。『現代の経営学』と題する本書の特色の一つは，経営学の研究領域を11の章でほぼカバーしていることであり，多様な研究領域がよく整理され体系づけられているといえよう。特色の第2は，経営学の主要な問題の説明にあたって代表的な理論を中心に説明がなされていることである。客観的で適切な説明がなされている。特色の第3は，各章の主題について現在，どのような問題が提起されているかが「今日的課題」としてとりあげられていることである。読者は各章の「今日的課題」を読み，現代の経営学がどんな問題の解決に迫られているかを理解することができよう。本書の構成は以下の通りである。

　序章　現代の企業と経営では現代の企業，現代の経営を考察，今日的課題では経営立地論，本社組織，法規制の問題がとりあげられている。

　第1章　経営の基礎は5つの節で構成され，経営学の方法と問題領域，経営政策，日本的経営論，企業経営の課題などが理論的に展開されている。

　第2章　企業の概念と諸形態では形態の多様性，企業のとらえ方，企業の形態が論じられ，形態選択の今日的課題が論述されている。

　第3章　コーポレート・ガバナンスは企業観の変化，コーポレート・ガバナンス・システム，今日的課題を論じ，最近の制度改革を詳細に論述している。

　第4章　経営戦略では，経営戦略論の概念と考え方，経営戦略の普遍的要素，経営戦略の階層，今日的課題について説明がなされ，経営戦略論の代表的な理論がわかり易く解説されている。

　第5章　経営管理は古典的経営管理，新古典的経営管理，今日的課題がとりあげられ，古典，新古典の理論が詳細に説明され，最近のダイナミック・ケイ

パビリティの理論が紹介され重視されている。

　第6章　経営組織ではバーナードと公式組織，意思決定過程としての経営組織，組織構造，今日的課題が考察され，コンティンジェンシー理論や複雑系組織，IT・ICT対応の組織が展望されている。

　第7章　コーポレート・ファイナンスはコーポレート・ファイナンスの概要，資本コストとDCF法，事業投資・資本構成・ペイアウトの意思決定，今日的課題を論じ，日本企業の現預金がきわめて大きいことが指摘，警告されている。

　第8章　人的資源管理では人的資源管理とは，モチベーション，リーダーシップ，コミットメントの概念，今日的課題が論述されており，人的資源管理の基礎的概念が説明され，今日的課題が論述されている。

　第9章　企業の社会的責任と経営倫理では企業の社会的責任，経営倫理，企業の社会的責任の動向，今日的課題がとりあげられ，第3節ではCSRの国際規格化，ISO 26000の制度，CSRの新しい動きが説明されている。

　第10章　企業と社会貢献は企業の社会貢献活動の概要，戦略的社会貢献活動としてのCRM，社会貢献とソーシャル・ビジネス，今日的課題をとりあげ，企業の社会貢献活動の意義が理解できる。

　第11章　環境と経営は4つの節から構成され，環境問題を考える，企業と環境問題，環境経営のメカニズム，今日的課題がとりあげられている。第1節の環境問題を考えるから環境問題の重要性を理解することができる。

　学部の学生諸君をはじめ大学院生，研究者の方々および日頃経営管理のお仕事に従事されている方々に対し，本書が何らかの示唆を提供できれば編著者および著者としてこれ以上のよろこびはない。本書の出版にあたり税務経理協会代表取締役社長大坪克行氏および同社シニア・エディター峯村英治氏のご尽力にお礼を申し上げる次第である。

　2018年1月

　　　　　　　　　　　　　　　　　　編著者を代表して　菊池　敏夫

目　　次

はしがき

序章　現代の企業と経営 …………………………………………… 3

第1節　現代の企業 ………………………………………………… 3
　1　現代企業の範囲 ……………………………………………… 3
　2　企業規模と業種構成 ………………………………………… 4

第2節　現代の経営 ………………………………………………… 7
　1　ミッションとしての経営方針 ……………………………… 7
　2　経営組織の集権と分権 ……………………………………… 7
　3　M＆Aをめぐる問題 ………………………………………… 8

第3節　企業・経営の今日的課題 ………………………………… 9
　1　経営立地の重要性 …………………………………………… 9
　2　コーポレート・ガバナンスと本社組織の問題 …………… 10
　3　法規制と企業の自己規制力 ………………………………… 10

第1章　経営の基礎 ………………………………………………… 13

第1節　経営学の方法と問題領域 ………………………………… 13
　1　経営学の方法 ………………………………………………… 13
　2　経営学の問題領域 …………………………………………… 14

第2節　現代の企業とその経営 …………………………………… 16
　1　企業の制度化 ………………………………………………… 16
　2　制度的企業の経営前提 ……………………………………… 17

第3節　経営政策の今日的展開 …………………………………… 19
　　1　経営政策とステークホルダー・アプローチ ………………… 19
　　2　現代の社会的責任経営 ………………………………………… 21
　第4節　日本的経営の概念と特質 ………………………………… 23
　　1　日本的経営の概念 ……………………………………………… 23
　　2　日本企業の閉鎖性 ……………………………………………… 24
　第5節　企業経営の今日的課題 …………………………………… 26

第2章　企業の概念と諸形態 …………………………………………… 31
　第1節　形態の多様性 ……………………………………………… 31
　第2節　企業のとらえ方 …………………………………………… 32
　第3節　企業の形態 ………………………………………………… 34
　　1　制度と企業 ……………………………………………………… 34
　　2　環境と企業 ……………………………………………………… 38
　　3　環境適合 ………………………………………………………… 39
　　4　企業の存立 ……………………………………………………… 41
　第4節　形態選択の今日的課題－社会性のために ……………… 44

第3章　コーポレート・ガバナンス …………………………………… 47
　第1節　コーポレート・ガバナンスとは ………………………… 47
　第2節　コーポレート・ガバナンスと企業観の変化 …………… 49
　　1　企　業　観 ……………………………………………………… 49
　　2　企業観の研究領域 ……………………………………………… 50
　　3　企業観の変化 …………………………………………………… 51
　第3節　コーポレート・ガバナンス・システム ………………… 52
　　1　取　締　役　会 ………………………………………………… 52
　　2　社外役員・独立役員 …………………………………………… 53

3　取締役会設置会社 …………………………………………… 56
　第4節　コーポレート・ガバナンスの今日的課題 ……………… 61

第4章　経　営　戦　略 ………………………………………… 65
　第1節　経営戦略の概念と考え方 ………………………………… 66
　　　1　経営戦略の概念 …………………………………………… 66
　　　2　経営戦略の考え方 ………………………………………… 66
　第2節　経営戦略の基本的要素 …………………………………… 69
　　　1　ドメインとは ……………………………………………… 69
　　　2　資 源 展 開 ………………………………………………… 70
　　　3　環 境 分 析 ………………………………………………… 72
　　　4　競争優位性 ………………………………………………… 74
　　　5　シ ナ ジ ー ………………………………………………… 78
　第3節　経営戦略の階層 …………………………………………… 79
　第4節　経営戦略の今日的課題 …………………………………… 81

第5章　経　営　管　理 ………………………………………… 85
　第1節　古典的経営管理 …………………………………………… 85
　　　1　資本主義の誕生：経済学から経営学へ ………………… 85
　　　2　テイラー：経験から科学へ ……………………………… 86
　　　3　ファヨール：管理原則から管理活動へ ………………… 88
　　　4　ファヨール：管理過程論からマネジメント・サイクルへ …… 90
　第2節　新古典的経営管理 ………………………………………… 91
　　　1　メイヨー：経済人から社会人へ ………………………… 92
　　　2　フォレット：対立・闘争から統合・協調へ …………… 95
　　　3　マズロー：低次の欲求から高次の欲求へ ……………… 96
　　　4　アージリス：未成熟から成熟へ ………………………… 97

5　マグレガー：X理論からY理論へ ……………………………… 99
　　6　リッカート：経営管理からリーダーシップへ ……………… 100
　　7　ハーズバーグ：理論から実証へ ……………………………… 101
　第3節　経営管理の今日的課題 ………………………………………… 103
　　1　管理：PDCAサイクルからOODAループへ ………………… 103
　　2　組織：内部環境から外部環境へ ……………………………… 104
　　3　戦略：競争戦略からダイナミック・ケイパビリティ戦略
　　　　（DC戦略）へ …………………………………………………… 106

第6章　経 営 組 織 ……………………………………………… 111

　第1節　バーナードと公式組織 ………………………………………… 111
　　1　組織の概念 ……………………………………………………… 111
　　2　クローズド・システムとオープン・システム ……………… 113
　　3　公式組織 ………………………………………………………… 113
　第2節　意思決定過程としての組織 …………………………………… 115
　　1　システム的アプローチ ………………………………………… 115
　　2　意思決定 ………………………………………………………… 116
　　3　経済人と経営人 ………………………………………………… 117
　第3節　組 織 構 造 ……………………………………………………… 118
　　1　組織デザイン …………………………………………………… 118
　　2　ラインとスタッフ・職能別組織・事業部制組織 …………… 119
　　3　タスク・フォース，プロジェクト・チーム，
　　　　マトリックス組織 ……………………………………………… 124
　　4　PPMとSBU ……………………………………………………… 125
　第4節　経営組織の今日的課題 ………………………………………… 127
　　1　コンティンジェンシー理論 …………………………………… 127
　　2　複 雑 系 ………………………………………………………… 128
　　3　IT・ICTの進展と経営組織 …………………………………… 129

目　次

第7章　コーポレート・ファイナンス………………………… 131
第1節　コーポレート・ファイナンスの概要 …………………… 131
第2節　資本コストとDCF法 …………………………………… 132
　1　資本コスト ……………………………………………… 132
　2　DCF法（discounted cash flow method）………………… 135
第3節　事業投資・資本構成・ペイアウトの意思決定 ………… 138
　1　事業投資 ………………………………………………… 138
　2　資本構成 ………………………………………………… 140
　3　ペイアウト ……………………………………………… 143
第4節　コーポレート・ファイナンスの今日的課題 …………… 145

第8章　人的資源管理 …………………………………………… 147
第1節　人的資源管理とは ………………………………………… 148
　1　人的資源管理の定義 …………………………………… 148
　2　日本型人的資源管理と日本的人的資源管理 ………… 148
第2節　モチベーション，リーダーシップ，コミットメントの概念 …………………………………………………… 149
　1　モチベーション ………………………………………… 149
　2　リーダーシップ ………………………………………… 154
　3　コミットメント ………………………………………… 158
第3節　人的資源管理の今日的課題 ……………………………… 160

第9章　企業の社会的責任と経営倫理 ………………………… 165
第1節　企業の社会的責任 ………………………………………… 165
　1　企業体制発展の原理 …………………………………… 165
　2　現代的企業のCSR ……………………………………… 170

第2節　経 営 倫 理 …………………………………………… 172
　1　石田梅岩の「石門心学」……………………………………… 172
　2　江戸〜明治時代の日本の「経営倫理」……………………… 174
　3　欧米の経営倫理 ……………………………………………… 176
第3節　現代における企業の社会的責任の動向 ……………… 176
　1　CSR国際規格化への動き …………………………………… 176
　2　ISO 26000の制定 …………………………………………… 177
　3　CSRについての最近の動き ………………………………… 178
第4節　企業の社会的責任の今日的課題 ……………………… 179

第10章　企業と社会貢献 …………………………………… 183

第1節　企業の社会貢献活動の概要 …………………………… 183
　1　社会貢献の概念 ……………………………………………… 183
　2　社会貢献の意義 ……………………………………………… 185
　3　社会貢献活動の形態 ………………………………………… 186
　4　企業の社会貢献活動の進展 ………………………………… 187
第2節　戦略的社会貢献活動としてのCRM
　　　　－コーズ・リレーテッド・マーケティング
　　　　（Cause-Related Marketing）－ ……………………… 189
　1　CRMの概念 ………………………………………………… 189
　2　CRMの構造 ………………………………………………… 190
　3　CRMの意義 ………………………………………………… 192
　4　CRMの導入と展開 ………………………………………… 192
第3節　社会貢献とソーシャル・ビジネス …………………… 193
　1　概　　説 ……………………………………………………… 193
　2　葉っぱビジネス ……………………………………………… 194
　3　復興グッズ・ビジネス（自立的復興ビジネス）…………… 195

第4節　企業の社会貢献の今日的課題 …………………… 197
　　1　概　　説 ………………………………………………… 197
　　2　社会貢献ビジネスと体制の強化 ……………………… 198
　　3　トップの意識，社員の意識そして人材育成 ………… 198
　　4　ステークホルダーとの関係重視と連携 ……………… 199

第11章　環境と経営 ……………………………………… 201

　第1節　環境問題を考える ……………………………… 201
　　1　環境問題とは …………………………………………… 201
　　2　日常耳にすることのある環境問題の例を考察してみよう …202
　第2節　企業と環境問題 ………………………………… 207
　　1　公害と環境問題の違い ………………………………… 207
　　2　企業として環境を考える ……………………………… 208
　第3節　環境経営のメカニズム ………………………… 210
　　1　環境経営の基本 ………………………………………… 210
　　2　インプットとアウトプット …………………………… 211
　第4節　環境経営の今日的課題 ………………………… 214

あとがき ……………………………………………………… 217
索　　引 ……………………………………………………… 221

現代の経営学

菊池敏夫・櫻井克彦・田尾雅夫・城田吉孝編著

序章　現代の企業と経営

はじめに

　この章では経営学の対象である企業および経営を理解する上で基本的に重要な事実，概念および問題のいくつかをとりあげ考察することにしたい。第1節では現代の企業をとりあげ，第2節では現代の経営を，第3節では企業・経営の今日的課題を考察，学習することにする。

第1節　現代の企業

1　現代企業の範囲

　企業（business enterprise, firm）というのは何らかの事業，活動を行っている組織体，事業体を意味している。現代の企業というとき読者の多くは会社または株式会社を想起されることであろう。事実，現代の企業のうち営利企業の大多数は株式会社の形をとっており株式会社以外の会社形態（相互会社，有限会社，合名会社，合資会社，合同会社など）を採用する企業は比較的少ない。ここで営利企業という用語を使ったが，株式会社をはじめ会社形態をとる企業はいずれも営利企業であり，利益を目的の一つとして設立されており，利益は株主または出資者など構成員に分配されるという特徴をもっている。現代の企業にはこれらの会社形態をとる営利企業とは別の特徴をもつ非営利企業（組織）が存在し活動している。非営利企業といわれる事業体はNPO法人，社会福祉法人，医療法人など法人の名称で呼ばれ利益以外の社会的，公益的目的のために設立され，利益は構成員に分配できないという特徴をもつ企業である[1]。したがって現代の企業というとき企業の意味を広くとらえると営利企業（株式会社を中心とする）と非営利企業の二つの種類から構成されているということができる。

しかし，一般に現代の企業というときには，株式会社を中心とする営利企業，または株式会社が想定され狭義の企業について議論されるのが普通であろう。

2　企業規模と業種構成

　現代の企業というとき日本では比較的少数の大規模の企業と圧倒的多数の中小規模の企業が存在し活動していることに着目したい。図表1をみると，175万社ある会社企業のうち150万社（86％）が常用雇用者20人未満の規模の小さい企業であり，一方，常用雇用者数で5,000人以上の大規模企業の数は500社（0.03％）という状況である。この状況を資本金の規模でみると，日本の会社企業175万社のうち資本金1,000万円未満の会社は53.7％を占めるのに対し，資本金50億円以上の企業数は0.1％にとどまるが，常用雇用者数では18.0％を占めていることが示されている（図表1参照）。日本の企業におけるこのような(1)企業数で極めて少数の大規模企業の存在，その常用雇用者数の高い比率，および(2)圧倒的多数を占める中小規模の企業の存在は企業のあり方を考える場合につねに考慮に入れておくべき問題である。

　現代の日本の企業はどのような事業分野（domain）で事業を行っているのだろうか。またそのような事業分野，業種の構成には最近どのような変化がみられるだろうか。これらの問題に対しては図表2の産業大分類別企業等数，常用雇用者数がある程度答えてくれる。なおここでの企業等数には事業・活動を行う法人（外国の会社を除く）または個人経営の事業所を含み，さきに本節1で述べた会社企業と非営利企業が含まれていることに注意したい。図表2をみると，2012年から14年にかけて企業数が最も増えたのは医療・福祉で，2.4万増の30.1万，常用雇用者数が増加したのは，同じく医療・福祉で116.1万人増の610.8万人となっていることは注目される。医療・福祉は2014年の常用雇用者数の構成比をみると第1位の卸売業・小売業（19.6％），第2位の製造業（19.2％）に次いで第3位（12.7％）を占め雇用吸収力の大きい業種，事業分野であることを示している[2]。

図表1　会社企業の常用雇用者別，資本金額別企業数及び常用雇用者数

常用雇用者規模	企業等数 （万）	構成比 （％）	常用雇用者数 （万人）	構成比 （％）
合計	175	100.0	3730	100.0
0～4人	99	56.7	151	4.0
5～9人	30	17.3	200	5.4
10～19人	21	12.0	285	7.6
20～29人	8	4.6	193	5.2
30～49人	7	3.9	256	6.9
50～99人	5	2.9	344	9.2
100～299人	3	1.8	524	14.1
300～999人	1	0.6	512	13.7
1,000～1,999人	0.2	0.1	263	7.1
2,000～4,999人	0.1	0.1	323	8.7
5,000人以上	0.05	0.03	679	18.2

資本金規模	企業等数 （万）	構成比 （％）	常用雇用者数 （万人）	構成比 （％）
合計	175	100.0	3730	100.0
300万円未満	11	6.2	57	1.5
300万円～500万円	61	34.6	298	8.0
500万円～1,000万円未満	22	12.9	149	4.0
1,000万円～3,000万円未満	58	33.0	870	23.3
3,000万円～5,000万円未満	7	4.1	314	8.4
5,000万円～1億円未満	5	2.7	425	11.4
1億円～3億円未満	2	0.9	337	9.0
3億円～10億円未満	1	0.5	237	6.3
10億円～50億円未満	0.4	0.2	258	6.9
50億円以上	0.2	0.1	671	18.0

（注）　資本金不詳の企業を含むため，各階級の計は合計と一致しない。
（資料）　総務省「平成26年経済センサス－基礎調査」（確報）
（出所）　日本統計協会『統計でみる日本』2017年，175ページ。

図表２　産業大分類別企業等数，常用雇用者数

産業大分類	実数（万人）				企業等数の増減数	常用雇用者の増減数	2014年構成比（％）	
	2012年		2014年					
	企業等数	常用雇用者数	企業等数	常用雇用者数			企業等数	常用雇用者数
合計	412.8	4521.6	409.8	4809.9	−3.0	288.3	100.0	100.0
農林漁業（個人経営を除く）	2.5	21.8	2.7	23.7	0.2	1.8	0.6	0.5
鉱業，採石業，砂利採取業	0.2	1.8	0.2	1.9	0.0	0.1	0.0	0.0
建設業	46.8	280.1	45.6	288.2	−1.2	8.1	11.1	6.0
製造業	43.4	997.7	41.8	921.4	−1.6	−76.2	10.2	19.2
電気・ガス・熱供給・水道業	0.1	19.5	0.1	19.8	0.0	0.3	0.0	0.4
情報通信業	4.5	142.4	4.6	148.0	0.1	5.6	1.1	3.1
運輸業，郵便業	7.6	293.7	7.5	290.9	−0.1	−2.9	1.8	6.0
卸売業，小売業	93.0	871.5	90.8	944.4	−2.2	72.9	22.2	19.6
金融業，保険業	3.2	139.8	3.2	141.5	0.0	1.6	0.8	2.9
不動産業，物品賃貸業	32.9	83.8	32.3	93.4	−0.7	9.7	7.9	1.9
学術研究，専門・技術サービス業	19.2	118.1	19.6	129.9	0.4	11.9	4.8	2.7
宿泊業，飲食サービス業	54.6	360.8	54.7	401.8	0.1	41.0	13.3	8.4
生活関連サービス業，娯楽業	38.6	165.7	38.6	178.4	0.0	12.7	9.4	3.7
教育，学習支援業	11.6	143.8	12.0	162.5	0.4	16.7	2.9	3.4
医療，福祉	27.7	494.7	30.1	610.8	2.4	116.1	7.3	12.7
複合サービス事業	0.6	44.9	0.6	67.6	0.0	22.6	0.2	1.4
サービス業（他に分類されないもの）	26.2	339.3	25.5	385.6	−0.7	46.3	6.2	8.0

（資料）　総務省「平成24年経済センサス－活動調査」，「平成26年経済センサス－基礎調査」（確報）
（出所）　日本統計協会『統計でみる日本』2017年，175ページ。

第2節　現代の経営

1　ミッションとしての経営方針

　第1節でとりあげた企業（事業体）を運営することを経営（business administration, management）とよぶ。企業を経営するときに最も重要なことは，どのような考えまたは目的にもとづいて経営するかであり，ミッション（mission）を決定することである。ミッションとは使命，任務という意味であるが，経営方針，経営理念，社是，社訓といったものが含まれる。現代企業の経営方針について重要なことは，(1)企業の経営者，管理者，従業員がこの方針にもとづいて意思決定を行い，行動の指針となるものであることから明文化，成文化しておくことが必要である。(2)経営方針のなかには企業の利害関係者であるステークホルダー（stakeholder）としての株主，従業員，消費者，取引先企業，地域社会などの要求や期待の実現に配慮した社会責任の達成をめざす方針ないし理念であることが要請されている。(3)経営方針や経営理念は創業者の理念，基本的な考え方として制定されたものを継承している場合が多いが，経営環境の変化，法規制や社会的意識の変化に適応して方針の変更や修正，新しい理念の導入に取り組むことも必要であろう。

2　経営組織の集権と分権

　企業を経営するというとき，経営管理システムをどのように確立するかという課題の解決にせまられる。この場合，重要な問題の一つには経営の中枢部門にどのような権限を集中すべきか，またいかなる権限を分権化すべきかという問題である。一般に経営組織の中枢部門，すなわち本社組織に集中すべき権限ないし機能としては(1)経営方針や戦略の決定，(2)一定額を超える資金調達および資本支出の決定，(3)人事の決定，(4)重要な対外契約の決定，(5)内部統制，監査部門の機能，(6)環境管理部の機能，(7)広報の機能などがあげられる。これらの権限や機能のほかに，調達機能，福利厚生機能などの本社集中が行われてい

る企業も多い3)。これらの権限および機能以外の権限および機能は各事業部門など，業務担当部門へ委譲され分権化が一般に行われている。しかし本社へ集権化されている権限の実態は定期的に点検を行う必要がある。なぜならこのような点検が行われなければ固有の権限に関連した多様な機能が付加され増加されるとともに担当する要員の増加が進行し本社組織は肥大化の一途をたどることになるからである。

3　M＆Aをめぐる問題

　企業の成長方式として二つの方式があることが指摘されている。第1に内部成長（internal growth）方式といい企業が増資などによって自己拡張を実現する方法であり，第2の方式は外部成長（external growth）方式といわれるもので外部の経営資源を利用し取得して成長を実現する方法を指している。外部成長方式の代表例は合併と買収（M＆A-Merger＆Acquisition）である。M＆Aにはその目的および主体からみて二つの異なるタイプがあることに注意したい4)。第1のタイプは経営者が経営目的を実現するためにたとえば，資本充実，生産・販売規模の拡大，事業および製品の多角化，垂直統合による一貫生産の確立，情報ネットワークの拡大などをめざして相手企業を合併したり資産の全部または一部を買収するタイプである。企業の歴史からみてこのタイプでの合併・買収が契機となり企業の成長を促進したケースが数多く存在している。これに対して第2のタイプはM＆Aがファイナンシャル・ゲイン（financial gain－金融利得）を目的とするものでM＆Aを推進する者が相手企業の株式取得価額といずれ売却するときの株式売却価額との差額の取得を目的としたタイプである。M＆Aが提案されるとき，この二つのタイプのいずれであるかの識別が重要である。M＆Aの成功と失敗に関する経験や研究を学習することも必要である。これまでの研究では製品，技術，市場の相互関連性の強い企業同士が関連性の弱い企業同士の場合よりM＆Aによって高い業績をあげていること，および失敗は合併前の相手企業の潜在能力，資産の分析と評価が不十分であったこと，さらに組織的統合の失敗に起因することなどが明らかにされてい

る。

第3節　企業・経営の今日的課題

　この節では企業・経営が今日直面し解決をせまられている問題群のなかから三つの問題をとりあげ考察することにしたい。

1　経営立地の重要性

　企業がその事業活動をどこで行うのか，すなわち経営立地の決定は営利企業はもとより病院，学校，保育施設，介護施設など非営利企業にとっても極めて重要な課題である。日本は地震多発国として知られているほか集中豪雨による洪水等風水害の多発国でもあり，これらの大規模自然災害が近年，日本の各地の住民，施設，企業に甚大な被害をもたらしていることは周知の事実である。企業が立地選定にあたって検討する立地因子（location factors）には，収益性，経済性に関連する地価，輸送コスト，顧客分布などの経済的立地因子があり，これが重視されている。しかしもうひとつの立地因子として自然的立地因子があることを忘れてはならない。自然的立地因子には，地質，地盤，河川・海浜への距離，洪水・津波の発生頻度，その被害規模，活断層およびプレート境界の位置との距離，などが含まれ，これらの詳細な分析と評価が企業の立地選定には不可欠である。原子力発電所のプラントをはじめ，石油，ガスの貯蔵タンク，コンビナートの立地選定においてはこれら自然的立地因子の検討がとくに重要である。病院，介護施設，学校，保育園などの立地にあたっては災害時の避難が単独では困難な患者，老人，子供たちを預かる施設として自然的立地因子のより詳細な検討がとくに必要である。経済的立地因子の評価のみによって営利企業および非営利企業の立地選定が行われるならば，その企業の未来には大きなリスクが存在しているといってよい。こうした経営立地の適正な選定については専門的な研究・調査が前提となるが，経営立地論の分野の研究・調査，および教育の推進が重視され期待されている[5]。

2　コーポレート・ガバナンスと本社組織の問題

　企業には一般に本社という組織があり（第2節2参照），この本社組織についてわが国では「小さい本社」が望ましいという議論があり，本社組織の規模に関心がもたれている。本社組織に多くの要員が所属して本社が大規模化すると，本社はもともと間接部門であるため，企業としては間接費の増大をともなうことになり，企業収益力，競争力の低下要因になるおそれがある。このため企業としては本社要員の増加を抑え，本社の経費を削減するなどの努力が行われている。問題は近年の日本における企業不祥事の発生，法規制の拡大などの要因から，企業の間では内部統制および監査部門の強化など本社組織の要員増加，強化の圧力が働いている[6]。こうした状況から企業の立場としては，小さな本社組織を指向する一方，法規制への対応，コーポレート・ガバナンス（corporate governance－企業統治）の要請への対応のために，法務部門の人員増加，内部統制，監査部門の人員増加，CSRセンターの設置など本社組織の人員増加，規模拡大の要請に直面しているようである。コーポレート・ガバナンスは企業の経営活動の健全性（不正防止），透明性，効率性の視点から経営を監視・監督するシステムないし機能を意味している。この意味と内容を経営者，管理者・従業員が理解し，それが組織内に浸透していれば，本社組織への要員増加やガバナンス関連部門の増強の必要性は大幅に低下するのではないかと考えられる。

3　法規制と企業の自己規制力

　企業が企業活動に対する各種の法規制を遵守することはコンプライアンス（compliance）として企業の社会責任達成の重要な前提と考えられている。しかし法が制定され法規制が開始されるときにはすでに問題が発生し犠牲者が発生し，それを防止し解決するために立法化が行われるという経過をたどっており，問題発生から法規制の開始までに相当な時間が経過している例が少なくない。問題が発生しているにもかかわらず法規制が立ち遅れ存在しないために遵法を根拠に問題にとりくまないとしたら社会的損失は増えつづけることになる[7]。企業は製品，原材料，技術，工程，排出物，廃棄物処理過程などについ

て従業員，地域住民，顧客の立場から徹底的に分析しアセスメントを行うべきでありその結果は関連する利害関係者（ステイクホルダー）に公開すべきである。法規制が存在していないが問題が発生し被害が発生している場合，海外で問題の製品や事業が規制の対象になっていて問題の製品の生産を中止している場合には企業自身による徹底したアセスメントによって問題が明らかになれば問題の製品の生産を中止し撤退すべきである。危険性を内包する製品の製造中止は社会的な被害の増大を抑制し社会的には高い評価を得ることになろう。企業に対する法規制が立ち遅れている場合，企業の自己規制力のシステムを確立し実行することが重要である。

〔注〕
1) 牧野〔2014〕は，剰余金を分配できない法人として次の法人をあげている。NPO法人，一般社団法人，一般財団法人，公益社団法人・公益財団法人，社会福祉法人，医療法人，学校法人，宗教法人。－牧野勝都「非営利企業の企業統治」菊池敏夫・金山権・新川本編著『企業統治論－東アジアを中心に－』所収，税務経理協会，2014年，118ページ，図表Ⅵ－Ⅰ「法人格による分類」。
2) 一般財団法人日本統計協会『統計でみる日本』2017年，174－175ページ。
3) 本社が担当する機能について日本企業とイギリス企業を比較した興味深い調査研究がありそれによると「イギリス企業では11から15の機能を本社が担当している企業が最も多く，日本では16から20の機能を本社が担当している企業が最も多い。またイギリスでは6から10の機能しか担当していない企業が20社（約20％）もあるのに対して，日本企業ではそのような企業はない。このような結果から日本企業の本社はイギリス企業の本社よりも平均的に多くの機能を担当していることがわかる」と述べている。－上野恭裕『戦略本社のマネジメント－多角化戦略と組織構造の再検討－』白桃書房，2012年，184－185ページ。
4) 菊池敏夫『現代企業論－責任と統治－』中央経済社，2007年，195－197ページ。
5) 菊池敏夫「大規模自然災害と経営行動－リスクマネジメントおよびCSRの視点から－」菊池敏夫・太田三郎・金山権・関岡保二編著『企業統治と経営行動』所収，文眞堂，2012年，194－196ページ。
6) 菊池敏夫「本社組織の規模，機能と権限」『わが国企業のコーポレート・ガバナンスと経営慣行の特質－アンケート調査結果の報告と分析－』所収，2010年3月，中央学院大学大学院研究プロジェクト，20－22ページ。
7) 菊池敏夫『現代企業論－責任と統治－』中央経済社，2007年，195ページ。

第1章　経営の基礎

はじめに

　本章は5つの節から成る。第1節では，経営学の方法と問題領域を取り上げる。経営学研究の方法，ならびに現代の経営学研究における主要な考察主題について述べる。第2節では，現代の企業ならびにそこにおける経営政策を扱う。現代の企業特質として企業の制度化を示すとともに，制度としての現代の企業における経営活動の前提を示す。第3節では，企業の経営活動ないし経営政策活動について論じる。経営政策活動のプロセスを眺めたあと，広義の社会的責任経営として現代の経営を捉えつつ，その概要を示す。第4節では，日本的経営の概念と特質について説明する。日本の企業と経営における基本的特質である，企業の閉鎖性に関しても考察する。第5節では，企業環境の動向に触れつつ企業経営の課題について展望する。

第1節　経営学の方法と問題領域

1　経営学の方法

　本節では，経営学とその考察領域について述べる[1]。まず，経営学研究の対象と方法，即ち，広義の方法を取り上げる。方法についての考察は古くから経営学研究の基本主題の1つとして存在してきており，専門的な研究が数多く存在している[2]が，ここでは，以下のように理解することにしたい。

　はじめに，経営学が何を考察対象とするかについていえば，経営学研究者の見解は，組織体すべてを対象として挙げる見解と，組織体のうちの生産組織，とりわけ企業なる生産組織をもって研究対象とするそれとに大別することができる。前者は一般経営学，後者は企業経営学と呼ばれる。経営学研究の流れは，

企業以外の組織体も研究対象に含める方向にあるとともに，伝統的な企業概念に該当しないような企業も出現しつつあるが，ここでは経営学の主たる研究対象として企業を取り上げる。企業には様々な形態・種類が存在するが，その存在と活動が社会に大きな影響を与えており，この意味では現代の代表的企業であるといってよい大規模株式会社企業を以って現代経営学研究の主たる対象と考える。むろん，中小企業のような他の形態・種類の企業の研究も重要である。

それでは，企業経営学としての経営学は，考察対象としての企業をどのような方法ないし仕方で論じようとするのか。この問題についても様々な見方が存在するが，ここでは企業とその行動（経営行動）について，理論を根底としつつ政策論を展開するという方法を選択することにする。すなわち，企業とは何であり，それはどうあるべきか，ならびに企業経営とは何であり，それはどうあるべきかを問うものが経営学であるとみる。それは，企業とその行動についてその実態の説明，ならびにその将来の予測とあるべき姿の提示を行うところの理論をもとに，選択された目的の達成のための手段を述べるという政策論の形をとる。政策論としての経営学では，企業とその経営に関する政策的提言の提唱に重点が置かれるが，そのような経営学については次のことが強調されねばならない。政策的提言は企業行動ないし経営行動の第1次的主体であり，政策実践主体である経営者の視点に立つとともに，かかる政策的提言は政策手段のみならず政策目的自体の選択を伴うということである。目的ならびに手段の選択に際して価値判断の問題が入り込まざるを得ない以上，政策提言を扱うものとしての経営学は，価値を論じることになる。一般に取られている見方は，科学としての経営学には価値判断が入り込む余地はないというものである[3]。しかしながら，企業と経営の在り方が社会においてますます問われつつある今日，経営学は倫理や価値判断の問題から目を背けることができなくなっているといわねばならない。

2　経営学の問題領域

ここでは現代経営学を，企業とその行動（経営行動ないし経営），とりわけ現

代の企業と経営を考察する学問とみる。ここから，経営学研究の基本的領域として企業研究に関する分野（企業論）と経営行動に関する研究分野（経営論）が存在することになる。今日の企業論と経営論の主要な問題領域ないし考察領域を示すならば，以下のようである[4]。

　まず，企業論についていえば，企業の実態とあり方を理解するためには，少なくとも以下について尋ねることが必要である。第1に，企業の理解のためには，企業における出資・所有の形態，所有・支配・経営の関係，およびかかる関係の面での企業発展の動向といったものについての考察，つまり，企業の形態と体制の考察が重要となる。第2に，変容する現代の企業の理解のためには，企業目的ないし経営目的について考察することが不可欠である。第3に，究極的には企業のあり方は企業を取り巻く環境によって決まってくるがために，企業環境とその構成要素について知ることが，企業の十分な理解のためには不可欠となる。これらのことは企業論研究の主要領域に企業形態・体制，企業の目的と統治（コーポレート・ガバナンス），企業環境（今日の企業環境においては企業の社会的責任や経営倫理の問題も重要となっている）が含まれることを意味する。

　つぎに，経営論についていうならば，企業行動ないし経営行動の実態とあり方の解明には，以下のことが必要となる。第1に，企業の第1次的内部主体である経営者の決定が企業行動を基本的に規定するため，企業行動の解明には経営者の機能や組織が考察されねばならない。第2に，企業行動の内容の如何は経営目的の設定，経営戦略の策定，ならびに総合的な管理といった諸活動を含む，経営政策活動ないし経営活動によって規定されるため，経営政策活動についての考察が企業行動の理解にとって不可欠となる。第3に，企業内の管理活動の考察，即ち管理機能と各種の管理活動についての考察が，企業行動の解明のために重要となる。管理と管理組織についての，ならびに人的資源管理・財務管理（コーポレート・ファイナンス）・生産管理等の諸種の管理活動についての考察も不可欠である。

　かくして経営学研究は，種々の研究を含むことになるとともに，そうした研究には経営学の方法や学説についての研究，企業と経営に関する歴史的研究，

中小企業とその経営の研究，グローバル企業とその経営の研究，ソーシャル・ビジネスなどの新しい企業形態に関する研究など，様々な形の研究も含まれる。

第2節　現代の企業とその経営

1　企業の制度化

　第2節では，経営学研究の基本的対象と考えられる現代の企業とその経営について眺める。初めに，現代の企業について考察する。現代の企業を代表するものは，大規模株式会社企業である。ここでは，今日のそれが法的所有者たるその株主の用具という性格を脱して，企業の内外を巡る様々な関係者（ステークホルダー　stakeholder）に奉仕する社会的存在となっていることを，制度（Institution）という概念を用いて説明する[5]。

　さて，企業は社会の所産であって，企業の性格は企業自身をもその構成要素とする社会経済の変容のなかで変化していく[6]。企業の大規模化と社会経済へのその影響力の増大，専門経営者による企業支配の出現，各種のステークホルダーの登場と企業へのその作用の強まり，社会の人々の社会経済観の変化，等を特徴とする現代資本主義経済の展開のなかで，大規模株式会社企業は伝統的企業から制度的企業へと変化する。すなわち，企業競争と技術革新のなかで資本主義経済社会で代表的企業の座を占めるに至った大規模株式会社企業は当初は，会社の経営活動に対する株主の支配の持続のなかで，出資者のための営利事業を営む存在という株式会社企業本来の性格を保持する。そこではその指導原理は依然，利潤の追求に，すなわち出資者の投下資本の価値の増大にあり，この段階までの株式会社企業を伝統的企業と呼ぶ。伝統的企業としての株式会社企業にあっては，企業規模の成長のなかでの大株主の株式保有比率の低下，ならびに経営管理の高度化・複雑化に伴っての専門経営者への経営機能の移行がみられるようになるものの，出資者は企業と経営者に対する支配を保持する。

　ついで，株式会社企業はその規模のさらなる成長のなかで専門経営者による支配下におかれることになる。出資と支配・経営の間の分離が生ずるのであり，

企業の指導原理も，経営者自身の効用の最大化へと変化することになる。ここでは，かかる段階の企業を経営者的企業[7]ないし経営者支配企業と名づける。経営者的企業の展開の背景には，大株主の株式保有比率がさらに低下したこと，経営管理活動が一段と複雑・高度化したこと，機関投資家が大株主となってきたこと，寡占的市場の成立に伴い一定水準の利潤が企業に保証されるようになったこと，等が存在する。

　ところで，伝統的企業ならびに経営者的企業の展開の過程において企業による市場取引権力のしばしばの濫用や，産業活動による自然環境の破壊，等がみられたとともに，そのことは企業の広範な影響力・支配力に対する社会の人々の関心を増大せしめることになるのであって，ここから企業と専門経営者はさまざまなステークホルダーの期待に添うべく行動することを余儀なくされるに至る。かくして，企業は経営者的企業の段階から，制度的企業の段階に向かうことになる。制度的企業とは，社会的存在であり，各種のステークホルダーの期待への応答ならびに企業自身の維持をその指導原理とする現代の企業を指す概念である[8]。現代の大規模株式会社企業は，このような制度的企業の段階に到達しているといってよい。現代の企業の基本的性格を法律上の企業所有者たる株主のための用具として捉える見方も根強く存在するが，ここでは，現代の企業を制度として理解する。

2　制度的企業の経営前提

　現代の大規模株式会社企業は，社会的存在としての性格を強く帯びた制度的企業となっている。かかる制度的企業の経営は，株主のための利潤の獲得，より厳密には株主の富ないし株主価値の最大化を目指すような経営とは異なった形で営まれることを不可避としている。そうした経営とはどのようなものであるのか。ここではそのような経営における前提条件について述べることにする。即ち，企業形成と経営行動に際して取られるべき原理としての共同と共生，企業目的の多元化と根本目的としての企業存続，ならびに戦略的経営環境としての市場と社会的舞台の3点について述べることにする[9]。

(1) 共同原理と共生原理

　ここでは，共同原理と共生原理を，企業とそのステークホルダーの間の関係を扱うところの一対の原理的概念として理解する。制度的企業としての現代企業は多元的なステークホルダーとの相互作用のうちに存在する。企業を巡る各種ステークホルダーの幾つかは，企業から内部者，つまり企業目的の共有者として認識されるとともに，他のステークホルダーは外部者として位置づけられている。共同原理は，いくつかのステークホルダーへの奉仕を企業の目的として認識することを，つまり企業をこれらの内部者の共有体ないし共同体とみなすことを企業と経営者に要請する。共生とはあるものが他者との相互作用的関係の中で共存共栄している状況を指す。共生原理は企業がその外部者を，自身と相互作用・相互依存の関係にあるものとして意識するとともに，自己と他者の利害の調和の実現に向けて努めることを企業に要請する。現代の企業と経営は，これら両原理に基づくことを必要とする。

(2) 根本目的としての企業存続

　制度的企業においては，企業目的の多元化が見られる。企業目的の多元化は，強く企業を拘束するところの様々なステークホルダーの展開を反映してる。ここでは，第1次的に企業が奉仕するそのようなステークホルダーとして所有者，従業員，ならびに経営者を，また，それに準ずる存在として債権者，取引先，地域社会等を考える。この場合，多元化した目的を集約する共通的目的として，企業の存続（ならびに成長）なる目的を示すことができる。かかる存続・成長目的は多元化したステークホルダー（そこには現時点のそれのみならず，将来世代のそれも含まれる）の目的を集約的に表すものであるが，同時にそれはまた，制度化した企業それ自身の目的を表すものでもある。制度的企業にあっては企業は，ステークホルダーと区別されるところの，そしてステークホルダーの上位に位置するところの存在となっており，それは自らの存続への要求を持つ企業それ自体として存在するのである。

(3) 戦略的経営環境としての市場と社会的舞台

　企業環境は，用いる基準によってさまざまに分類が可能である。企業存続に

重大な影響を及ぼす戦略的な経営環境は，企業の置かれた環境状況によって異なる。社会経済のグローバリゼーション，技術革新の進展，世界市場の展開と企業競争の激化，ステークホルダーの一段の多様化と個々のステークホルダーにおける多元機能化，企業への政治的環境の影響の増大，企業による一層の社会貢献責任受け入れの必要性の増大，等がみられる現在の社会経済にあっては，市場と社会的舞台の双方が企業の戦略的環境として位置するようになっている。

第3節　経営政策の今日的展開

1　経営政策とステークホルダー・アプローチ

　現代の制度的企業の経営においては，上述の経営前提に基づいて経営活動ないし経営政策（活動）（business policy）が展開されることが必要である。経営政策は，経営目的，経営戦略，ならびに経営計画（長期計画と総合計画）から構成される。行動概念としての経営政策は，経営目的（理念・行動基準と目標）の設定，目的達成の基本方針としての経営戦略の策定，ならびに経営計画の設定とその実行といった一連の要素を含んでいる。経営政策についてのこれまでの理論と実践は，利潤なる企業目的の達成を第1義的に考えつつ，市場，とりわけ競争市場への企業適応を企図せんとするものであったといってよい。しかしながら，企業への社会的・政治的・自然的諸環境の作用の増大，企業の社会的責任（Corporate Social Responsibility CSR）への関心の高まり，企業の制度化の進展等のなかで今日の経営政策は，企業の存続に向けて市場への企業適応は無論のこと，社会的舞台への企業適応を実現することを不可避的に迫られている。企業経営者は，両種の企業適応の達成に向けて経営政策を策定し遂行せねばならない。ここでは，経営政策の体系と内容についてのBuchholtzとCarrollの所説[10]を示すことで，現代の経営政策を理解するための基礎とする[11]。

　Buchholtzらは，ステークホルダー・アプローチに基づいて現代の経営政策を理解せんとする。ここに経営へのステークホルダー・アプローチとは，企業とステークホルダーの関係性の見地から経営を理解せんとする方法を指す。

Buchholtzらは，制度的企業観に基づきつつ，ステークホルダー・アプローチによって社会的責任経営活動の内容を具体的に示している。Buchholtzらが示す社会的責任経営活動の体系は次のようである。

　すなわち，体系にあっては，「戦略的経営プロセス（Strategic management process）」を補完する形で，「企業レベル戦略」，「会社公共政策（Corporate public policy）」，「イシューズ・マネジメント（Issues management）」，「クライシス・マネジメント（Crisis management）」なる一群の経営活動が，「パブリック・アフェアーズ・マネジメント（Public affairs management）」を伴いつつ展開される。ここに「戦略的経営プロセス」は，利益追求を目指す通常の経営政策活動ないし経営活動を指すとともに，そこでは社会に対する義務（法遵守と解しうる）を戦略形成決定に際し考慮することの必要性が指摘されている。

　Buchholtzらにあっては利益獲得を目指す経営政策活動も広義の社会責任経営に含められている一方，社会的責任経営の中心は通常の経営活動では直接に取り上げられない諸責任（社会貢献や，諸ステークホルダーの非経済的な諸期待への応答）に置かれていると解しうる。狭義の社会的責任と呼びうるところの，通常の経営活動の範囲外のそのような責任を扱うのが，「企業レベル戦略」以下の諸活動である。「企業レベル戦略」についていえば，それは経営理念の策定に関わる概念であり，Buchholtzらは「企業レベル戦略」なる独自の用語を用いつつ，それを会社戦略，事業戦略，ならびに機能戦略といった通常の経営戦略の上位に位置づける。かかる「企業レベル戦略」の策定は，経営理念と企業行動基準への社会的責任の織り込みを意味するといってよい。

　社会的責任関連の経営理念・企業行動基準としての「企業レベル戦略」に導かれつつ，狭義の社会的責任への対応のための活動が，「会社パブリック政策」として展開されることになる。それは，企業を巡る社会的責任関連経営課題，とりわけ政府や社会活動団体が関心をよせる社会的責任課題（ソーシャル・イシューズ　Social Issues）への対応のための経営政策活動である。かかる「会社パブリック政策」は，ステークホルダー環境の分析に始まり，目標（企業の「社会的目標」）の設定，戦略の形成，戦略の評価，戦略の遂行，統制（それへ

の1つのアプローチがいわゆる「社会監査Social Audit」である）へと至る一連の連続的にして循環的な活動として理解される。Buchholtzらにあっては，このような「会社パブリック政策」は利益追求を目指す通常の経営活動（社会的責任のうちの経済的責任を達成するための活動）を補うものとして位置する。

　ところで，企業活動に対する政府や市民活動団体等の目は厳しさを増しており，企業活動への社会批判は企業経営にとってしばしば重大なリスク源泉となる。また，そのような批判は時に突発的に生じうる。されば，Buchholtzらにあっては，そのような社会的責任関連の諸リスクの回避・予防・軽減を目指して，「イシューズ・マネジメント」，「クライシス・マネジメント」，「パブリック・アフェアーズ・マネジメント」といった経営活動もまた重視されることになる。「イシューズ・マネジメント」は，政府や各種社会活動団体が関心を抱く課題をリスク・マネジメント的視点から取り上げるものである。それは対外関係の管理の一種とみてよく，上記課題の予測と同定，同定されたイシューズの分析とランク付け，イシューズへの応答策の形成，応答策の遂行，統制活動，結果のフィードバックに至る一連の活動を伴う。また，顕在化したリスク課題への対処のための「クライシス・マネジメント」が「イシューズ・マネジメント」と関連性をもちつつ，狭義社会的責任経営の要素として展開される。

　なおBuchholtzらにあっては，「戦略的な社会責任Strategic social responsibility」の概念を用いつつ，狭義の社会的責任経営活動を「戦略的経営プロセス」と統合することの必要性と可能性が強調されている。また，政府に対するロビー活動や社会への広報活動を基本的内容とする「パブリック・アフェアーズ・マネジメント」，ならびに対話等を通じて諸ステークホルダーとの良好な関係の構築を目指す「ステークホルダー・マネジメント」も，経営活動全体において重視される。

2　現代の社会的責任経営

　BuchholtzとCarrollの社会的責任経営論では広義の社会的責任経営が，利益追求により経済的責任の達成を目指す経営活動としての「戦略的経営プロセ

ス」と，「企業レベル戦略」・「会社パブリック政策」・「イシューズ・マネジメント」・「クライシス・マネジメント」・「ステークホルダー・マネジメント」・「パブリック・アフェアーズ・マネジメント」としての狭義社会的責任経営の2つから構成されること，ならびに「戦略的な社会責任」経営が両者を繋ぐことが示されている。社会的責任経営についてのそのような理解の根底には，Carrollによって提示された会社社会業績モデル12)（企業の社会的業績についての3次元モデル。そこでは社会的責任は経済的責任，法的責任，倫理的責任，および裁量的（慈善的）責任から成るとされる）が存在する。Buchholtzらの社会的責任経営にあっては，Carrollが挙げる経済的責任（直接には利潤獲得を指すが，諸ステークホルダーの経済的利益の促進も含意する）と法的責任は，利益追求を目指す通常の経営活動としての「戦略的経営プロセス」においてその達成が図られると考えられている。

　社会責任経営を利益指向の経営と狭義社会責任指向の経営に分けるとともに，両経営の統合を戦略的社会責任の概念によって図ろうとするところの，ならびに「会社パブリック政策」，「イシューズ・マネジメント」，「クライシス・マネジメント」といったものを軸に狭義社会的責任経営を展開せんとするところのBuchholtzらの社会責任経営論は，我が国の経営実践でも受け入れられつつある13)。かねてより経営プロセスでの社会的責任の取り上げ（経営理念・企業行動基準への社会的責任概念や倫理的価値の折り込み，社会責任関連の経営目標の設定，社会的責任関連組織の構築，社会的責任目標達成のための戦略・計画の策定，社会的責任の面からの企業業績の測定を含む），あるいは利益獲得と狭義社会的責任の達成の統合，社会的責任関連リスクへの対処，等についてその必要性が論者の間で主張されてきたとともに，それらはかなりに企業で実践されつつある。多くの企業が社会的責任の面からも企業業績を測定するととともに，その結果を社会的責任報告書等の形で開示している。あるいは，Prahaladらの所説14)やPorterらのそれ15)に触発されて，少なからざる企業がBOP (Base of the Economic Pyramid)，CSV (Creating Shared Value)，戦略的社会責任，コーズ・リレーテッド・マーケッティグ (Cause Related Marketing) 等の名を付した諸種の経営活動

の形で利益獲得と狭義社会的責任追及の統合を図ろうとしている。

ただ，こうした社会的責任経営にも大きな問題が存在する。その1つは，経済的責任指向経営と狭義社会的責任指向経営の2本立てで経営がなされる場合，たとえ戦略的社会責任の概念を用いつつ両者の統合を図ろうとする試みが存在しても，激烈な企業競争を伴うグローバル市場経済の下では前者が優先される可能性が多分に存在するということである。こうした問題点への対応が，これからの社会的責任経営論において取り上げられる必要があるといってよい。

第4節　日本的経営の概念と特質

1　日本的経営の概念

前の2つの節においては，制度的企業とその経営，ならびに社会的責任指向の経営に焦点を当てつつ，現代の企業と経営について考察してきた。考察結果は基本的に米国の論者の所説に基づいているが，それは我が国の企業と経営を論じる場合にも，基本的に妥当すると考えられる。とはいえ，我が国の企業と経営について眺めるとき，企業と経営の日本的特質についての留意が必要であり，本節ではかかる特質について眺める。

日本的経営という言葉が用いられる場合，それはしばしば日本企業の経営面の特色のみならず，企業システム面の特色をも指している。ここでも日本的経営を，日本の企業と経営における日本的特色を指すものとして理解する。なお，日本的経営に関連しては，日本型経営なる語が使用されることがある。その違いについて森本は，「「日本的」を日本で創成された特質（論理と倫理）とし，それらが精錬されて普遍性を持つに至ったものを「日本型」と呼ぶ」としている[16]。このような日本的経営の特質は海外企業，とりわけ米国企業の持つ特質との対比で取り上げられることが多い。

日本的経営の特質を形成する特色として，様々なものが内外の論者によって指摘されてきている。例えばAbegglenは，終身雇用制（定年までの雇用保障），年功制（年功賃金と年功昇進），企業別労働組合，福利厚生施設の充実といった

ものを挙げている17)。またOuchiは,終身雇用,長期的人事考課と遅い昇進,複数職務経験的な昇進コース,非明示的な管理機構,集団による意思決定,集団責任,ヒトへの全面的な関心・関わりを挙げる18)。これらは,日本企業の人事労務・労使関係面の,ならびに管理と意思決定の面の特色を指摘するものであるが,稟議制に代表される,ボトム・アップ的にしてコンセンサス重視的な経営意思決定も日本的経営の特色として,かねてより日本の経営学者によって指摘されている19)。ここでは,これら論者において挙げられる上記の諸特色に加えて,人材育成での特徴(OJT On the Job Training)や生産管理における特徴(カンバン方式による生産と在庫の管理,QCサークル)といった管理活動面の諸特色,第1次的な企業目的としての企業の存続・成長の重視や株主価値よりも従業員価値の重視といった企業目的・経営理念面の特色,さらには,仕入先や販売先との長期的取引関係,資本調達に際しての特定銀行への高い依存,企業間での株式の相互持合いと強い経営者支配,企業と政府の協調的関係といった,企業とステークホルダー間の関係面における特色,等も日本的経営の特色として挙げることにする20)。

上記の諸特色は日本的経営の形成過程において漸次,展開を見たものであるとともに,グローバルな社会経済環境の中にある今日の日本企業にあってはそうした特色の多くはすでに消失,もしくは消失過程にあるという声も聞かれる。前記の森本も日本的経営におけるライフサイクルの存在を指摘しつつ,今日の時代は日本的経営の転換期であり,普遍性ある日本型経営の創造が急務であるとする21)。とはいえ,いくつかの調査結果は日本的経営の上記の特質が依然,存続もしくは残存していることを示している22)。

2　日本企業の閉鎖性

ここでは,日本的経営の基本的特質として挙げてもよいと思われるところの日本企業の閉鎖性について述べる。

我が国企業は今日,その社会的責任への一層の対応を喫緊としているが,日本企業はその閉鎖的性格のゆえに必ずしもこれらの責任に適切に対応していな

いという批判が，かねてより諸方面でなされてきている。すなわち，企業間の株式の相互持合が資本市場による企業チェック機能の阻害や，外国人投資家による対日本企業投資への障壁をもたらしているという批判，グループ関係あるいは系列関係にある企業間の排他的取引がそうでない企業からの購買を阻んでいるという批判，経営者と従業員はコミュニティに対する社会貢献活動に必ずしも積極的でないという批判，等がそれであって，日本的経営の基本的特質の1つとして閉鎖性を挙げることができる。

　この場合，日本企業のそのような閉鎖性にはそれなりの合理性と必然性が存在するという反論もなしうる。例えば，株式の相互持合等を通じて形成・強化される企業集団や企業系列，ならびにそれらの中での長期的・固定的な取引関係は外部者による企業乗っ取りの阻止，企業間の信頼の強化と取引コストの軽減，グループ内企業による金融支援や過剰人員引取りを通じての事業と雇用の安定化に寄与するといった主張，内と外を区別し内部関係者を重視する集団主義的な社会風土が日本企業の閉鎖的性格の形成に与っており，閉鎖性の打破は容易でないとする主張がそれである。とはいえ，何等かの形でその閉鎖的特質の見直しを行うことは，我が国企業にとり不可避である。第2節で取り上げた共生原理による経営が，我が国企業には一段と求められているのである。

　かなりに異質かつ，しばしば対立的な他者・外部者を含む他者・外部者と自己との共存・共栄を意味するものとして共生を解するとき，ならびに，関係者それぞれに利得が存在するような，そしてできれば関係者それぞれに相乗的な形で利得が生じるような状況を意味するものとして共存・共栄を解するとき，このような共生の理念が企業経営に意義をもちうることは確かである。今日の日本企業は一段と外部指向的たることを要請されており，より多様かつ多数の関係者と共存・共栄を図ることを不可避としている。グローバル企業としてのそれは，異質な，社会システムおよび関係者とも係わり合わざるを得ず，それらとの間で共存・共栄に努めねばならない。共生原理は，これからの企業経営のための有用な手引きの1つとなる。

　とはいえ，所有者の用具としての企業，企業とその関係者の係わり合いの主

要な場としての競争市場,等といった概念に立脚するところの経済学と法学の伝統的な理論に基づいて日本企業における閉鎖性の非妥当性を主張することは,必ずしも適切でない。多様な関係者のための利益追求の機関として制度化するに至っているとともに,制度としての企業の維持がその基本的な責任となっている現代の企業にあっては,第2節で述べた共同原理—それは内部ステークホルダーならびに企業自身に対する責任の企業目的化の必要を強調するものである—に基づく経営もまた不可避である。共生原理と共同原理のバランシングが,日本企業の閉鎖性への対応において求められている[23]。

第5節　企業経営の今日的課題

　企業環境の今日的特質として,その動態性を挙げることができる。現代の企業は変化する環境への適応を不可避としており,その経営者は環境動向に敏感であることを必要とする。
　Lawrenceらは言う[24]。企業の外部環境は動的であり,絶えず変化している。企業は,機会と脅威の両者を生む社会的,倫理的,グローバル的,政治的,経済的,技術的な変化の渦のなかで活動しており,6つの動的な諸力が企業と社会の関係の形成に強く作動している。それらは,社会の変化する期待,倫理的な論理づけ・行為への増大する強調,グローバリゼーション（市場競争の激化と企業批判の高まり）,進展する政府規制と企業による応答の必要性,動的な自然環境,新しい技術とイノベーションの爆発的展開である。これらの強力にして動的な諸力が,そのなかで企業がその市場関連ならびに非市場関連の諸ステークホルダーと相互作用するところの文脈を形作っており,このことは企業と社会の関係が,しばしば予測し得ぬ仕方で,絶えず変化しつつあることを意味する,と。
　以上のようなLawrenceらの言に明らかなように,今日の経営者は極めて厳しい状況の中で企業を導くことを不可避としている。経営者は,高度に情緒的ならびに政治的な色彩をしばしば帯び,判断と妥協を要請するところの,そし

て正解が滅多にないところの様々な対ステークホルダー関連課題を取り扱わざるを得ないのであり，その経営はアートとサイエンスの両要素を必要としている[25]。これからの経営者はサイエンス面ないし理論科学的分析面のその能力の強化はもとより，アートの面ないし価値判断や経験・直観の面におけるその能力の一段の涵養を急務としているといわねばならない。

〔注〕
1) 詳しくは，櫻井克彦（2006）『現代経営学－経営学研究の新潮流－』税務経理協会の序章を参照のこと。
2) 高田馨（1987）『経営学の対象と方法－経営成果原理の方法論的省察』千倉書房，ほか。
3) Simonはこの点を強調する。詳しくは，Simon, Herbert A., *Administrative Behavior*, Macmillan, 1955, pp.248-253（松田武彦他訳『経営行動』1967年，ダイヤモンド社，322～328ページ）。
4) ここでは基本的に，森本三男（1978）『経営学の原理』中央経済社，第1章による。
5) 以下，詳しくは櫻井克彦（2012）「現代企業の変容とその意味」（日本経営学会編『リーマンショック後の企業経営と経営学　経営学論集82』千倉書房　所収）を参照。
6) ここでは，資本主義経済が高度の展開を見ており，そのパータンが世界的に影響を及ぼしている米国に焦点を当てる。
7) Marris, Robin (1963), "A Model of Managerial Enterprise", *The Quarterly Journal of Economics*, May.
8) Davis, Keith and Robertr L. Blomstrom (1966), *Business and Its Environment*, McGraw-Hill.
9) 詳しくは，櫻井克彦（2012）前掲稿。
10) Buchholtz, Ann K. and Archie B. Carroll (2012), *Business & Society : Ethics & Stakeholder Management*, Eighth Edition, South-Western, Cengage Learningの3章，5章，6章。
11) 詳しくは，櫻井克彦（2016）「社会的責任経営とステークホルダー・アプローチ」『経営行動研究年報（24）』を参照。
12) Carroll, Archie B. (1979), "A Three-Dimensional Conceptual Model Of Corporate Social Performance", *Academy of Management Review*, Vol.4, No.4.
13) 日立製作所の社会的責任報告書（株式会社日立製作所CSR・環境戦略本部（2015）『日立グループ　サステナビリティレポート　http://www.hitachi.co.jp/csr/』は，同社の経営活動がBuchholtzらの社会的責任経営体系とかなりに共通することを示している。報告書に従えば同社にあってはその経営活動は，「中期経営計画」と「CSRマネジメント」という2つの部分からなっている。即ち，一方において，「ミッション」・「バリューズ」・「ビジョン」の形をとる経営理念に導かれる形で「中期経営計

画」（それは「めざすべき経営戦略と方向性」を示す）が展開されるとともに，他方において，前記の経営理念に導かれつつ，「公正な企業活動を行うための規範」を示した「行動規範」，ならびにそれに基づく「CSRマネジメント」が展開される。中期経営計画では「経営目標」として売上高，営業利益率，株主に帰属する純利益，等の数値目標が示されるとともに，目標達成のための方針が述べられる。なお，前記の報告書は，（狭義）社会的責任への企業の取り組み状況を環境，社会，ガバナンスの３面からを記すとともに，ガバナンス関連項目の１つとしてリスク・マネジメントを挙げる。また，地球環境問題等の社会的課題への対応とビジネス活動とを統合する取り組みについても述べている。

14) Porter, Michael E. and Mark R. Kramer（2006），"Strategy and Society：The Link between Competitive Advantage and Corporate Social Responsibility," *Harvard Business Review* Vol. 84 No. 12, Dec.
15) Prahalad, Coimbatore K. and Stuart L. Hart（2002），"The Fortune at the Bottom of the Pyramid", *Strategy + Business* Issue 2.
16) 森本三男編著（1999）『日本的経営の生成・成熟・転換』学文社，7ページ。
17) Abegglen, James. C.（1973），*Management and Worker*：*The Japanese Solution*, Sophia University.
18) W. G. Ouchi（1981），*Theory Z*：*How American business can meet the Japanese challange*, Addision-Wesley.
19) 森本前掲編著（1999），4ページ。
20) 日本的経営の諸特質一般については，伊丹敬之，加護野忠男（1989）『ゼミナール経営学入門』475ページ以下を参照。なお，企業の存続・成長について付言するならば，それは制度化した現代の企業に共通する基本的特性でもあって，日本企業における特性としての存続・成長の解明のためには，企業の制度化とは別の論理・視点（例えば家の論理（三戸公（1991）『家の論理　１－日本的経営論序説－』文眞堂）からの接近も重要と考えられる。
21) 森本前掲編著（1999），14－15ページ。そのようなライフサイクルは，(1)日本的経営の萌芽期（1935－45年頃），(2)模索期（1945－50年頃），(3)形成期（1950－60年頃），(4)充実期（1960－70年頃），(5)成熟期（1970－80年頃），(6)飽和期（1980－90年頃），(7)転換期（1990年頃以降）で構成される。
22) 例えば，厚生労働省「平成25年版労働経済の分析」の第３章第３節「日本的雇用システムと今後の課題」では，「長期雇用」と「年功賃金」が海外企業に比して，より顕著に存在することが示されている。
23) 日本企業の閉鎖性については，櫻井克彦（1994）「企業の社会的責任の今日的展開と日本企業の閉鎖性」日本経営学会編『世界の中の日本企業』（経営学論集第64集），千倉書房，所収も参照のこと。
24) Lawrence, Anne T. and James Weber（2011），*BUSINESS AND SOCIETY*：*Stakeholders, Ethics, Public Policy*, 13th ed., McGraw Hill, pp. 19－22.
25) Tony Jaques（2006），Is Issue Management an Art or Science?*Journal of Public*

Affairs 6, no. 1（February）（Lawrence, A. T. and J. Weber, *Ibid.*, p. 35）.

第2章　企業の概念と諸形態

はじめに

　本章は企業とは何か，その定義と形態について論じる。4つの節から成る。第1節では，経済的な定義だけではとらえ切れないこと，それにはさまざまの態様があることが前提である。企業とはそれぞれ個性的である。第2節では，そのとらえ方として，とくに環境との関係を重視して，その相互依存関係によって形態がさまざまになることを明らかにしたい。環境とどのような関係にあるかによって形態は相違する。環境適合について有力な知見を紹介する。制度という強制された環境についても言及する。さらに第3節では，結局，企業は存続を至上の課題としている。そのためには合理的な形態を選択しなければならないが，制度的な枠組みの中では与件としてすでに決まっていることであるかもしれない。そして第4節では，形態選択の今日的な課題として，企業でさえも経済的な合理性だけで形態の選択ができるのではなく，この社会に受け入れられること（社会的な合理性）も，形態選択の重要な基準であることを論じたい。

第1節　形態の多様性

　企業をその一部としてすべての組織は，準拠すべき法律や果たすべき目標などによって区分できるが，それぞれは独自のものである。その範囲は無限に広がる。企業だけでも，グローバルな巨大企業から町工場，さらに街角の法人格の有無には関わりのない商店のようなところまで，さまざまの仕組みができあがる。企業とは何かを問う場合，多様性を前提としなければならない。抽象的には定義できても，具体的な経営としては，さまざまな要因に取り込まれる

ことを前提に論じなければならない。

　企業とは，法的には株式会社と重なり合うことも多い（他に有限会社や合資会社などがある）が，では，会社とは何か，その概念を定義するためには，その広がり，サイズも含めたさまざまの要因を考えなければならないということである。しかし，そのサイズでさえ，どの指標を採用するかで（たとえば，資本か従業員か顧客かなど）その定義が相違することもある。大企業と商店では経営の方式が根底から相違する。

　以下，企業とはすべて個性的であるとの認識からはじめたい。したがって，その形態もさまざまである。典型的にいえば，ビュロクラシーに依拠するところもあれば，それに重きをおかない，ネットワーク重視のところもある。また文化的にも企業の形態は大いに相違する。日本的経営が特異とされたこともあったが，一つの形態であることはいうまでもない。繰り返し言えば，企業もその形態を一つのモデルに，理論的にも実際的にも集約することはできない。

第2節　企業のとらえ方

　企業とは，営利を目的として，継続的かつ計画的な意図のもとに（要はマネジメント＝経営管理）経済活動を行う経済主体である。とくにカネを得ることを重視する組織を私企業というが，営利を重視しない企業，公企業もあるからである。公と私を対比させれば，第三セクター（政府＝第一セクターと企業＝第二セクターに対する残余の組織の中には企業的なものが相当数含まれる。その私企業には，個人による企業，組合として集合した企業（法人化されないものも含む）のほか，法人化による企業もある。私企業の典型は株式会社である。

　なお，伊丹・加護野（1989）は，企業を環境の中での生き物に例え，人の集団であるとし，その中に矛盾を抱え企業を含めて，それをテコに自らを変えることができる生き物であるとしているが，この定義は，企業だけではなく組織一般に適用できる（組織＝企業という前提がみられるが）。

　さらに一般的に議論すれば，それはシステムである。ヒトやモノ，カネ，そ

して情報を有効活用して成果を得ようとする。企業では成果としてのとくにカネが重視されるだけである。それを得るために、ヒトであれ、あるいは課や係のような作業単位であれ、組織を成り立たせている個々の要素が集合してさらに高次の相互依存関係にあり、より大きなシステムを構成しているとされる。他のシステムと相互に依存し合いながら上位のシステムをなしている。

また、一つのシステムは、外部環境としての他のシステムから入力を受け、高度に依存し合う内部環境のなかで処理され、再び外部環境に出力として送り出されるという一連の過程でもある。いくつかのシステムは入力と出力を互いに受け合うことによって、さらに大きなシステムを構成しているのである。

カッツとカーン（Katz & Kahn, 1966）以来、このようなオープン・システムの視点は、組織について、その内外の要因が相互に依存し合い影響を与え合う関係のダイナミックスを分析するためには役立つとされ、方法的には、すでに公理ともいうべき評価を得ている。本論のように企業という組織の定義を、制度や環境に関連させようとすれば、このシステム論は不可欠である。

オープン・システムモデルを採用する場合、コンティンジェンシー理論のような技術や規模といった諸要因、つまり、「マテリアル」な要因と組織構造の因果関係を重視する立場と、社会的ルールや規範などの制度的「シンボリック」な要素が組織に与える影響を重視する立場がある。後者については抽象的であるため、企業を中心にした経済的合理性が中心になりがちな経営学の議論（企業は本来経済合理的でなければならない）では、取り上げられることが少ない、というよりはむしろ、合理的には扱えないものであり非合理的なものとして重要視されてこなかった（合理性一般については後述）。確かに企業の経営を考える場合には、シンボリックな要素の優先順位は低くなる。しかし、シンボリックな要素も組織を取り囲む環境の中の一要素であり、組織が直面する社会的現実の一側面を形成している。企業も同様でなければならない。

以下では、企業の形態として、制度的な制約と環境的なそれを区分しながら論じたい。しかし、制度も環境の一部であり、環境も制度的な部分が含まれる。しいて区分すれば、制度的な要因は経営的には適合を果たしにくいという特徴

があり，環境とは環境適合という用語で論じられるように，経営的に達成されなければならない。不断に適合できなければ存立できない。

なお環境適合とは，技術的と制度的をあわせて，結果として環境との関係にもっとも適合的な組織が存続を果たすという広義のコンティンジェンシー理論を考えなければならない。経営者や管理者の努力もある。しかし，環境がそれらの努力を淘汰して，最終的には，環境との接合に都合がよい組織が残るのである（淘汰説による見解）。一般論的にいえば，環境が流動していれば，厳格なビュロクラシーでは対応できない，したがって，それとは反対の有機的なシステムを備えざるを得なくなる（有機的と機械的という古典的な区分もある）。

加えて言えば，適合とはこの場合，コンティンジェント，偶発的という意味であり，経営的な努力は当然であるが，それが及ばないところで環境に適合できない組織の退出を促すという含意がある。賢明な経営者でも，この場合，有能な経営者でも，これを果たせないことがある。見えざる手という言い方も，多少の留保条件を付ければ妥当かもしれない。制度に近いところ，あるいは強力な制度の下では適合出来ないことが大いにあり得る。結局，釈迦の掌で躍る孫悟空である。

なお，形態については，ミンツバーグのモデルを紹介しなければならない。企業とは，トップマネジメント，ミドルマネジメント，現場の作業集団，管理支援スタッフ，技術支援スタッフから構成され，それぞれは異質な構成要素で，システムがどのように稼働するかすべきか，たとえば，目的などによって形態を変化させるということである。どの部分が決定に関与するかで形態は変形することになる

第3節　企業の形態

1　制度と企業

企業は制度に制約されさまざまな形態（あるいは群）として認識される。たとえば，法制度があり，その制度を支えるその社会の仕組みがある。そこには

慣習やそれほど意図されないようなルールがある。カルチャー一般と言い換えてもよい。さらにその向こうには人口の増減や国際化の進展のように，中央政府でさえ場合によっては座視する以外ないというような環境もある。それらが重なるとある形態ができる。逆を言えば，企業の形態は，前節を受けて言えば，制度に縛られることは疑いない。

　制度というのは企業にとって，扱いの難しい与件である。経営的に変更ができないとはいえないが，過大なコストを強いられる。時間的にも，その変化を待つことはむしろ，それに見合うだけの利得を得ることはあり得ないと認識すべきである。伝統的な文化による制約などは，極端な言い方になるが，百年河清を待つようなこともある。それを受け入れた，そのなかでの経営ということにならざるを得ない。しかし，認識できない制度もある。気がつかない制約，たとえば生活の奥深くに，日々の行動に潜んでいる慣習や慣行などは，気づかないまま制度の有力な一部となっている。宗教的な行動様式や考え方と絡むと，短期的な変更は当面はほぼ不可能に近い。

　グローバル化で，文化的な背景や文脈が相違しながら，それでも，企業を立地させなければならないような場合，制度的な制約は，経営管理に大きくかぶさることになる。その場合，多くの手法は，その工場やオフィスをまったく別世界として区切り，新しい空間として閉鎖的にして，そこから新しい制度を構築するようにしている。少なくとも上司や同僚との関係では新しいルールができ，それに従うのである。働く便宜のためだけに新しい慣習がつくられる。それが，その外に漏れ出して，その地の慣習と部分的に融合することもあれば，工場で働いていた人がそこをやめる，あるいは，工場が撤退すれば跡形もなく消えてしまうようなこともある。

　閉鎖的に，クローズドなシステムを構築すれば，そこだけで通じる慣習を流通させることはできる。いわゆる日本的経営は，そのような環境のなかで独自のオフィス文化を構築したといってよいであろう。海外に進出して期待されたほどの成果を得られなかったことはすでに周知されている。またさらに企業以上に政府という組織は制度に制約されている。法が変更されない以上，形態も

変化させられないことがある．あるいは企業も公的なサービスを提供するほど，制度に制約されるといってもよい．

　制度を与件として，というよりも制度に従うことによって，組織は成立つというべきであろう．後述の環境適合論は，その多くは私企業をモデルとして展開されたが，制度論の多くは，非企業組織を対象としている．与件による制約の大きさが議論の筋道を分けているのである．私企業の消費者（consumers）よりも，政府における顧客（clients）は，選択の余地が少ないだけに制度によるさまざまの制約を課さないと不利益を蒙るという予備的仕掛けを社会が講じているのである．消費者は身の都合によって選択できるが，顧客は好みに合わせて選択できないこともある．

　法律に定められたり，あるいが明文化されたルールになれば，可視的としてだれもが，それに従うようになる，あるいは，従うように強制されるが，可視的でない制度は多い．むしろ制度一般は，そこにいる当事者たちが，社会化のなかで血肉化してきたものがほとんどである．気がつかないから制度である．環境という外なる与件に対して，制度は内なる与件として対比させてもよい．規範として，それぞれが内面化しているからこそ変更しがたいのである．

　制度環境を重視する立場からは，たとえば，Meyer& Rowan（1977）などが理論化を試みている．公共の組織を対象とすることが多いが，企業などでも制度という制約を受け，適合が難しい環境もある．

　制度という環境に適合を強いられる．そのため，これらの組織は純粋に経済的利益を追求できない．組織は，適切だと考えられているプロセスを採用することによって結果をだし，それによって組織が評価されることになる．カネという重要な成果が眼前にあっても，それだけに固執することは中長期的に衰退することもある．制度に裏切られるのである．

　加えて言えば，制度的影響が強い組織にしても弱い組織にしても，経営的に容易に介入できない環境要素がある．制度的環境として取り上げられる要素は，組織内の相互作用によって影響を与えられるものではなく，法律や世論などの形態で組織が無視できない社会的現実として存在しているものである．制度的

環境は、その意味で組織が動かすことのできない現実を構成しているものであり、組織は受動的にその現実を受け入れることになる。欠陥品を市場に送り出して。それを糾弾されて不買運動などが起これば、倒産、あるいは合併されるようなことがすでに多く見聞されている。消費者は運動体に発展すれば、制度という大きな壁になる。社会の価値や規範などを組織が適応すべき環境の重要な要因として捉え、それらの要因と組織の関係について論じている。

　Meyer & Rowan (1977) は、この社会においては高度に制度化された文脈－合理化された制度的ルール－によって組織の構造が発生すると論じている。彼らはこの合理化された制度的ルールによって公式構造が決定されることを制度的ルールの"神話としての機能"と呼んでいる。制度的ルールのこの機能は2つ挙げられている。

　1つは、合理化された非人格的な規定であり、それらによって多様な社会的目的が技術的目的として確認される。そして、それらによって、技術的目的を合理的に追求するための適切な手段がルールと類似した形で明記される。もう一つは、それらは高度に制度化され、そして、それゆえ個別の参加者や組織による選択の自由を超えたものである。それゆえ、神話は正当なものとして当然視され、それらがどの程度仕事の結果に影響を及ぼすかについての評価とは独立しているに相違ないというのである。

　ということは、制度的ルールは、目的や手段の適切性を示すものであり、個人や組織の裁量を超えた基準として当然と考えられ、相互主観的に社会に存在しているものとされる。この人々に当然と考えられている相互主観的ルールによって組織構造が決定されるという側面を強調することが新制度学派の立場である。これらの相互主観的ルールは、法律や世論などの形で社会に存在するといわれる。組織構造は、技術や機能などの理由によって説明されるのではなく、人々が持っている価値や信念によって決定されているのである。

　制度的ルールに従うことは、組織をこの社会のなかで正当化することに繋がる。組織の内部参加者やステックホルダー、国税局や証券取引委員会などに対して組織は社会的に適合していると示すことができる。制度的ルールへの適合

は，社会からの信頼を生み，借金，寄付，投資などをより得やすくすることになり，その結果として組織は生存の見込みを高めることになる。企業に限って言えば，消費者などのステックホルダーから正当性を得ることに尽きる。

このように，新制度学派においては，技術などの環境要因ではなく，社会の規範や価値などの制度的な要因が相互主観的に存在し，組織，企業もそれらを取り込むことによって，社会からの正当性を獲得し，生存の見込みを高めると主張される。形態は，社会が，環境が決定することになる。

2 環境と企業

組織の目的はそれを取り囲んでいる環境に適合している必要がある。もし組織の目的や活動が社会によって支持されないものであれば，つまり，組織を取り囲む環境に受け入れられないものであれば，組織は置かれている環境との軋轢や不適合を起こすことになる。環境との不適合は，組織目的の達成を困難にし，組織の存続の基盤を脅かすことになる。このように組織にとっては，環境はその存続のための無視できない決定的な要因であり，その環境の捉え方は組織論にとっても非常に重要になる。

では，あらためて問うことになるが，環境とは何か。環境とは，境界によって区分される当該組織以外のすべてである。その境界の外にある，ヒト（被雇用者や顧客など），モノ（原材料提供者など），カネ（株主や金融機関など），情報（インターネットなどで流通するものすべてといってよい）のすべてである。同業者も環境である。政府や自治体も環境である（政策の変更は制度的な変更として認識できる）。マネジメントに対する与件はすべて環境であるといってよい。制度もまた環境を構成する，しかも重要な要素である。ただし，制度に比べると，環境はマネジメント（経営管理）しなければならない与件である。環境の中で優位な立場を得るようにする。困難は伴うが，場合によっては法制度の変更を迫るようなこともある。このことも環境適合である。環境からの資源の獲得と保持に関する方式，あるいは手立てが問われる。それが戦略である。戦略とは環境への適合である。そしてそれを他の企業よりも，少しでも優位にしたいと戦

略を練らなければならない。

　なお，環境とは組織の境界の外にある。その境界が明確でなかったり，そこから影響を受けるようなことが少なければ，とくに環境を意識せずに済ませられることもある。その意味では，境界をどのように設定するかによってマネジメントの方向が，限られた枠組みのなかではあるが，変化することもある。

　環境とは実体というよりも操作的に創造できることもあり得る。ということは，ということは戦略的に定義しなければならないということである。それは経営者や管理者にとって意図的に知覚されるものであり，どのように知覚されるかによって，促進要因や障害物が決まってくる。たとえば，恣意的に競争相手を見つけて，それとの優位性を競うとすれば，まさしく境界を意識するようになり，全員一致しなければならないのはこのような場合である。ベンチマークなどは否が応でも環境を意識させる。前述のように，消費者の不買運動は，制度の一部となるが，それを環境の変化と認識すれば，相応の方策を考えることになる。その方策が形態を決定することもある。

3　環境適合

　上記の環境を企業との関係で論じなければならないのは，それに適合しなければならない，それが経営管理である。その目的達成のための過程は，それを取り囲んでいる環境に適合する必要がある。もし企業の目的や活動が社会によって支持されないものであれば，つまり組織を取り囲む環境に受け入れられないものであれば，企業は環境と軋轢を繰り返すことになる。環境との不適合は，企業目的の達成を困難にし，企業の存続の基盤を脅かすことになる。それでは，どのように適合を果たすかということである。

　その環境との円滑な，良好な関係を図ることが，繰り返すが環境適合である。古典的な議論が相当数ある。たとえば，Burns & Stalker (1961)，Lawrence & Lorsch (1967)，Trist & Bamforth (1951) などのいわゆるコンティンジェンシー理論は，そのことを明確に理論化している。しかし，明確にしないまでも，環境との関連を議論するのは，経営学において常識的なことである。マーケ

ティング論も人的資源論も環境との関係が良好であることを基本的な前提にしている。

しかし，良好な関係を確立するということはどういうことか。環境に適合するとはどういうことか。環境が内包している曖昧さ，あるいは不確実さの度合いを低減することがまず環境適合であり，良好な関係を構築できる第一歩である。どのようにして環境に発する不確実さを少なくするか，あるいは少なくするよりも，それを不可避の与件として関係の構築を図るかである。その工夫ができるのであれば，環境に関する議論は技術論に転じることができる。消費者に対する真摯な対応は，経営管理の技術である。それに真正面から対応しなければ，適合できない。

しかし，技術的に減少できない曖昧さも多くある。急速な人口の減少，突然の景気後退，グローバリゼーションなどの一般的な環境である。前述の制度とも重なり合う。制度に近い環境は，企業に対して優位になることはしばしばである。しかし，あることとして受け入れなければならない。マネジメントの及ばない領域も少なくはない。この部分が曖昧なままで，結局，不確実さとして残らざるを得ない。

ではどうすればよいのか。環境アクター，要は利害関係者の動向を見極めることで，環境への適合，いわば円満で，円滑な関係の維持を図るのである。マネジメントにおけるバランス感覚といってよい。それを通して，資源の偏在や極論の台頭を抑え込むのである。それによって関係者の不満がいくらかでも減ることになれば，ワン・テイクス・オール（one-takes-all）よりもはるかにましであるという評価を受けることになる。比較的にではあるが，存続に対する正当性の保証（存続こそが成果であるという見解もある）を得ることになる。以上は，主として公共サービスを提供する立場からの議論であるから，サプライサイドの功利主義といってもよい。企業であれば，生活に支障を来たさないこと，故障のない製品であること，長持ちできることなどである。

4　企業の存立

　現代の経営学について，企業という組織を概括的に捉えると，前近代という社会から抜け出るためには効率を至上課題として，それにはただ一つのモデルしかあり得ないというのが，20世紀前半に成り立ったモダンの組織の枠組みのなかにある。やがてそれがおかれた環境に発するさまざまの要因の重圧に耐えながら，または耐えきれずに破綻を繰り返しながら，それぞれはそれぞれのために働くことで，効率への期待が後景に退き，多様性への期待が前景となったのが，ビュロクラシーよりもネットワークを重視するポスト・モダンの組織論である（Hatch, 2013に詳しい）。

　しかし，それでも組織である以上は，その存立の意義を社会に対して問うべきである，と考えるようになったのが，ポスト・モダン以後の組織論である。まさしく「大きな物語」に酔い，それへの幻滅から，「小さな物語」に方向転換し，さらにそれにも醒めた気持ちになったところで，いまさら「大きな物語」に復帰できないが，それが持っていた熱いパッションを再び感じたいというのが，組織論の現在というべきところであろう。企業も，コストを少なくするだけ，規模を大きくするだけでは，存在意義を失うことは疑いない。

　この社会の多様性を，この社会全体の資源の有効活用にどのようにつなげるか，これがポスト・モダン以降の，真正面に据えるべき課題である。社会による正当性の付与にも関わっている。悲観的に，また大げさを覚悟でいえば，結局，落としどころが見つからないまま，一方で国家論と，他方では小さな，狭い地域社会の経営管理の間で右往左往することになるのではないか。しかし，壮麗な体系を構築することだけが使命であるとは，必ずしもいえないが，この社会の存続に，どのように貢献するかは，企業の論議に課せられた，逃れることができない使命ともいうべきである。

　なお，最初の問題提起を受けて，企業とは何かを定義する場合，合理性について議論しなければならない。企業は合理的でなければならない。長い間，組織一般とは合理的という考え方に支配されていた。組織とは近代化の所産であり，啓蒙された人間の叡知を集めることで，この社会の，もっとも困難な問題

にあたるための仕掛けとして位置づけられた以上，合理的であるのは自明の理でなければならない。そして使い勝手のよくないものであることを自認することは，近代化への道筋への主体性を否定することになる。神の手によってではなく，自らの主体的な取り組みによって，この社会が改善される，よりよい方向に向かうことができるという楽観的な視点が，合理主義によって支えられていたのである (Clegg, 1990)。不可視不可触の未知の世界があるなどと信じることが，近代社会に対する冒涜以外の何者でもないと強く信じられたのである。だからこそ，私たち自身の合理性を疑うような視点の取り入れは，極力避けなければならないことであった。組織は合理的でなければならない，企業も合理的にデザインされなければならないことであった。当然，その延長上に形態の選択がある。

この場合，組織デザインとは，組織の達成すべき目標が明示され，それに向けてその組織を構成するヒト，モノ，カネ，そして情報が，ムダ，ムリ，ムラなどをできるだけ少なく，つまりコストをできるだけ少なく，しかも上質の，大量の成果に至るようにすることである。経営者や管理者は例外なく，これを実現するように自らの能力や資質を傾注すべきであるとされる。このようにして稼働しているのが合理的な組織である。

しかし，それはあくまでも理念としてであって，このような組織は現実にはあり得ない。経営者や管理者が，全知全霊を込めて組織を自らの思うように操縦しようとしても，組織は意のままには動かない，動くはずがない。組織はそのようなものであるとの認識に，だれもが至ることになる。しかし，それでも，合理性信奉を諦めることができないという事情もある。

たとえば，今日，IT革命のようにさらなる合理性に向けての探求が試みられている。投資はそれに見合った成果を得なければならない。多額の投資は，合理性を実現したので，その見返りを得るのは当然であり，合理性を達成できないのは，経営者が無能，管理者がその努力をしないと決めつけることになる。しかし，現実には，完全無欠の合理的な組織の実現などはあり得ないと観念すべきである。無限にそれに近づく経営努力はあっても，それと重なり合うよう

なこと，つまり，完全無欠の合理性を達成できた組織をつくろうとするのは，虚しく百年河清を待つようなものである。

まず企業を構成している人間という要素が，合理的には，多少表現を和らげていえば，その枠のなかだけで考え行動しようとはしない。極端にいえば，彼らの多くは野心の塊であり，利己的に考える。とすれば，その集合としての企業は，一つの統一した意思など有することなどあり得ない。IT技術が最大限駆使されても，それを使いこなすのは人間である。その人間が，勝手気ままにそれを使おうとすれば，しかも，それを勝手に使おうとする人間が多数に及べば，合理性の実現は，人知の及ばない，まさしく神の手の中にあると考えなければならない。

また，合理的であるためには，できる限り多くの選択肢を検討して，その中から最適解を選べばよいということになる。しかし，それは，多くの場合，多くなるほど，もしかすると人智をはるかに超えてしまい，むしろ，逆に，不確実性を増加させることになって，合理的とはいえなくなる。さらに，客観的な確かなことも，その内実を明確に熟知するためには，そのなかのさまざまに絡み合った個々の問題を一つ一つ解きほぐさなければならない。それには相当のコストを覚悟しなければならない。しかし，実際には，簡略化されたイデオロギーで対処したほうが余計なコストの節減になるようなこともしばしばである。ブランソン（Brunsson, 1982）によれば，合理性にこだわるほうが非合理的というパラドックスもある。

繰り返して言えば，企業は合理性でなければならない。とくに経済的な合理性が重視される。既に定義の項で述べたように，少ないコストで最大の便益を得ることが重視されるからである。目標の達成ないしは実現に，少なくとも不要なコストをかけないことであると定義される。目標達成に最短の経路を発見することでもある。それを発見し達成するほど，高い評価を受けることになる。経済的な指標によって評価する場合，以下のように指標の英語の頭文字をとって3Eとしてまとめられる。

① 効果性，あるいは有効性，要は，組織が得た成果の総量である。質的な

ものにはベンチマーキングのような比較尺度が用いられることがある。
② 効率性という少ない資源でどれほどの成果を得たかである。前述の効果性が目標との関係を重視するのに対して，それを達成するための手段，あるいは過程に重きをおいている。
③ 経済性，節約性と言い換えられるが，不要不急の資源は節約したい。過剰なコストは論外とされる。

これらを合わせて，企業の成果，あるいは広義の生産性（productivity）と捉えることができる。しかし，互いに両立しないことも多々ある。成果を重視すれば節約を度外視することなどである。

ただし，合理性については，それをさらに多義的に捉え，かつ，その成り立ち自体を合理的であるかと論じる立場はさまざまであるが，経済的に，コストの観点からのみ捉えるのは，企業についても論点を狭く絞りすぎることになる。市場における優位性を必ずしも前提にしないことは，新制度学派も含めて従来から再三論じられたことである。合理性とは経済的だけではなく，さらに広義の理論的な枠組みを必要としている。社会的な，制度的な何かへの適合も企業には欠かせない。

第4節　形態選択の今日的課題－社会性のために

その企業がこの社会に存在することの是非である。公正や公平，さらに社会的正義など広範な評価指標が，それを測定するために供せられる。具体的には企業ではメセナやフィランソロピーなどであるが，環境にやさしい企業や女性への雇用機会の提供などがある。それらに限定されずに広い文脈で捉えられた成果指標である。当然，一つの組織の貢献によるものではなく，組織外のさまざまな要因が絡み合って得る，いわば間接的な成果である。したがって，因果関係はさまざまに絡み合って，一組織だけの業績評価の指標としては妥当性を欠くこともある。

しかし，社会的な貢献が熱心であることによって，社会からの信用を得ると

いうことで，戦略的な意義を有することも少なくない。これを戦略的に活用すべきである。また非企業では，この社会的な指標が組織を評価するに際しての基本的な軸になる。公的セクターでは，この社会のために何をなすかが問われている。しかし，程度の差はあるが，私企業でも当然，この社会に欠かせない存在でなければならない。社会的な評価を受けることは存続のための不可欠の要件である。経済的な評価を優先させて，この社会に害をなせば，撤退せざるを得なくなる。すでに倫理や病理で論じたことである。

　しかし，社会的な成果とは，場合によっては，だれのための何のための成果であるかが問われることがある。公害などは，この社会一般が被害をこうむるので，利害関係者の相克は比較的少ないとはいえるが，いくつかの利害が重なり合うとき，企業など営利組織であれば，経済的な合理性によって評価され，関係者の合意を得やすい。なおいえば，非企業，とくに公的セクターでは難しい。利害関係者が複雑に絡まって目標が一元化できず，さらに，成果も多くは可視的，可触的とはいえないので，社会に対する貢献を目標とするほど，その因果関係は明示的ではなく評価は困難とならざるを得ない。しかし，何か結果を出さなければ，利害関係者から，さらには社会から信頼や信用を得られないので，この尺度の設定については絶えない努力が試みられる。

　評価に先行して，利害関係者のパワー・ポリティックスに対応せざるを得なくなる。企業でさえも，経済的合理性と社会的なそれはトレードオフの関係に立ち至ることが少なくないが，コストを少なくすることが，逆に社会的に信用されなくなることも多くある。設備投資を怠って，劣化した商品を市場に送り出せば，不買運動を招くことになる。

　以上のように企業といい，それを一部とした組織一般といい，その形態はさまざまの広がりの中で捉えるべきで，一義的に定義できるものではない。ということはさまざまの社会に仕組みの中で，本論でいえば，制度や環境によってさまざまに形態を変化させる。重要なことは，それからの自由度は大きくないことである。経営者や管理者はそれ自体の固有の経営はできるが，西遊記の孫悟空のようで，結局お釈迦さまの掌で躍っていただけにすぎないようなことが

ないとはいえない。

　制度や環境は，それほど企業のありかたに大きな影響を及ぼしているというべきである。形態はそれらの枠組みの中にある。そしてそれをどのように組み込むか，いわば飼いならすかで企業経営の成果のようなものが問われるのである。とはいいながら，それらを絶えず飼いならすというのは不可能で，どこかで均衡点のようなものが決定する。それが安定した形態といえなくもない。制度といい環境といい，それらと安定的に関係しあうところで，企業はもっとも安定した，適合的な形態を得ることになる。

〔参考文献〕
N.Brunsson（1982）The irrationality of action and action rationality：Decisions, ideologies and organizational actions. *Journal of Management Studies*, 19, 29-44.
T，Burns & Stalker, G.M.（1961）*The Management of Innovation*, Tavistock.
S. R. Clegg（1990）*Modern Organizations：Organizational Studies in Postmodern World*, Sage.
D.Katz & Kahn, R. L. "*The Social Psychology of Organizations*" John Wiley. 1966.
M. J. Hatch（2013）Organization Theory 3rd edition. Oxford University Press.（大月博司・日野健太・山口善昭訳『Hatch組織論』同文舘出版，2017）
伊丹敬之・加護野忠男（1989）『ゼミナール経営学入門』日本経済新聞出版社。
P.Lawrence & Lorsch, J. W.（1967）*Organization and Environment：Managing Differentiation and Integration*.Harvard University Press.（吉田博訳『組織の条件適合理論』産業能率大学出版部，1977）
J. W. Meyer & Rowan, B.（1977）Institutionalized organizations：Formal structure as myth and ceremony, *American Journal of Sociology*, 83, 340-363.
H. Mintzberg *Structure in Fives：Designing Effective Organizations* Englewood Cliffs, NJ：Prentice-Hall 1983.
田尾雅夫『現代組織論』勁草書房，2012年。
E. A. Trist & Bamforth, K. W.（1951）Some social and psychological consequences of the longwall methods of coal-getting, *Human Relations*, 4, 6-38.

第3章　コーポレート・ガバナンス

はじめに

　日本において，コーポレート・ガバナンスは企業統治と訳されている。このことから，コーポレート・ガバナンスとは企業を統治するという意味と解することができる。すなわち，コーポレート・ガバナンスの本質的意味は，株式会社において，その支配，管理・監督の主体は誰なのか，すなわち誰のものなのか，誰のために経営されるのか，誰が経営するのかということを考えることになる。さらに近年では，株式会社を取り巻く利害者集団間の調整をいかにとるのかという問題も含めて考えることである。

　特に現代では，大規模な株式会社は小規模の国家を凌ぐ経済的主体として行動している。そのような企業行動は，直接的な利害者集団である株主，従業員，消費者などのほかにも，地域社会，自治体・政府，グローバル化された経済環境，自然環境など多岐にわたり影響を及ぼす存在となっている。このように多岐にわたって影響を及ぼす企業行動に対して，どのように企業を統治して行くのかを検討することは普遍的で重要な課題であると同時に現代的課題である。

第1節　コーポレート・ガバナンスとは

　コーポレート・ガバナンスの具体的な機能として，二つの機能をあげることができる。一つは経営の健全化であり，もう一つは経営の効率化である[1]。このことは企業経営において，企業行動に先立つ意思決定過程の透明性を確保することであり，意思決定から企業行動への一連の活動が効率的に行われることである。このことにより，単に不祥事を回避するため機能のみではなく，企業の効率性を高め，収益向上へもつながるといえる。

例えば，度重なる企業の不祥事に対して，2012年に（株）東京証券取引所（以下，東証）は上場企業に対する企業統治の強化要請，具体的には独立役員の選任などを求めている[2]。経営の健全化として法令遵守や危機管理体制の整備・充実・強化の上に，消費者や社会に対して企業行動を企業自ら律することが求められている。

　東証は「コーポレートガバナンス・コード〜会社の持続的な成長と中長期的な企業価値の向上のために〜」[3] を2015年6月より適用を開始した。この「コーポレートガバナンス・コード」におけるコーポレート・ガバナンスの定義は，次のようなものである。

　「会社が，株主をはじめ顧客・従業員・地域社会等の立場を踏まえた上で，透明・公正かつ迅速・果断な意思決定を行うための仕組みを意味する。」

　さらに，この「コーポレートガバナンス・コード」の原則が適切に実践されることにより「それぞれの会社において持続的な成長と中長期的な企業価値の向上のための自律的な対応が図られることを通じて，会社，投資家，ひいては経済全体の発展にも寄与することとなるものと考えられる。」[4] としている。

　この「コーポレートガバナンス・コード」の基本的な考え方もコーポレート・ガバナンスの機能としての健全性と効率性を示している。

　日本企業の成長の要因であり特徴とされてきた企業間での株式の持ち合いや従業員重視の経営などは，一方で制度上の所有者である株主を重視してこなかったという側面を持っている。近年，日本の証券市場において，外国人投資家あるいは機関投資家の存在が大きな位置を占めてきている状況では，日本企業もこれまでのような配当政策や株価対策では市場からの評価を得られなくなってきている。そのため株価や株主資本利益率などの株主にも配慮した経営に移行せざるを得なくなっている。また，外部役員や独立役員の登用などの健全性改革，取締役数削減にみられる意思決定の迅速化による経営の効率化がより一層求められてきている。

　このような環境変化の中，制度面の改革として2001年の商法改正による監査役（会）機能の強化や2002年改正による大会社についての執行役制度の導入を

前提にした委員会等設置会社制度の導入がなされる。この改正の目的は，企業により一層の健全性，効率性，透明性などを求める改革として行われた。さらに2006年に施行された会社法は，それまで会社に関する法規制が商法，商法特例法など複数の法律で規定されていた状況を一つの法律として制度化し，株式会社の統治システムを企業規模，公開・非公開の別により，幅広く選択できる形態とした。これにより，日本の株式会社は取締役会設置会社，監査役会設置会社，委員会設置会社，会計参与設置会社などを選択することが可能となった。2014年には会社法が改正され，監査等委員会設置会社制度が導入され，従来の委員会設置会社は指名委員会等設置会社の改められている。この改正は翌2015年施行されている。

そこでコーポレート・ガバナンス・システムを検討する前に，その前提となる企業観について検討する。

第2節　コーポレート・ガバナンスと企業観の変化

コーポレート・ガバナンスを検討する場合，その対象となる企業をどのように捉えるのかという点が重要になる。企業の捉え方によって，企業自体の在り方，制度とその運用・形態に影響を与える。

前述した「株式会社において，その支配，管理・監督の主体は誰なのか，すなわち誰のものなのか，誰のために経営されるのか，誰が経営するのか」という問いの設定は，企業をとりまく利害者集団の中で誰の利益確保を目的とし，企業を統治するのかということを前提として，企業を捉えていることになる。一方で企業それ自体が現代社会においては存在意義のある社会的制度であると捉えることも可能である。

1　企　業　観

企業をどのように捉えるのかということは，何を重視するのか，経済性なのか社会性なのか，あるいは法的な視点なのかによって異なる。

資本主義的な立場であれば，私有財産制に基づく所有権から，企業もまた所有者のものであるというのが，アメリカやイギリスでみられる基本的価値観である。すなわち，資本主義を代表する企業形態である株式会社においては株主が所有者であり，その株主の利益を第一に確保することが株式会社の目的であるということになる。

　一方，企業の持つ社会性に焦点を当てれば，ドイツに代表されるヨーロッパ諸国では，株式会社を社会的存在と位置づける価値観が支配的である。すなわち，ドイツの労働者の最高意思決定機関への参加を義務付けている共同決定法にみられるような労働者と株主双方の労資共通の利益を確保することを目的としているといえる。

　日本においては，法制度上はアメリカやイギリスと同様の法体系を採用しており，会社法に規定されている株式会社制度により，株式会社は所有者である株主のものである。しかし，日本人の多くが持つ企業観は，戦後の従業員重視の経営や会社自体を「家」と捉えることに違和感を生じない点からも，社会的存在としてみるヨーロッパ型の価値観に近いといえる。また，高度経済成長期の1960年代に発生した公害による健康被害を契機に，企業が地域社会，現代社会において，単に経済主体としてではなく，社会的存在であるという意識を強く持つようになったとも言える。

2　企業観の研究領域

　コーポレート・ガバナンスに関しては，法学，経済学，経営学などの学問分野での研究が行われている。

　これらの学問分野別に簡単にその研究対象である企業観を概観する。

① 法学分野では，会社法におけるコーポレート・ガバナンスの目的は株式会社がその所有者である株主の合理的期待に応えること，すなわち，出資者である株主の利益を保護することと考えられる。

② 経済学において，エージェンシー理論によれば，コーポレート・ガバナンスとはプリンシパル（主人）である株主の利益を実現するようエージェ

ント（代理人）である経営者を規律づけることと考えられている。
③　経営学では，経営者に企業行動を適正に行わせるための制度と慣行をコーポレート・ガバナンスと位置づけている。株主中心のコーポレート・ガバナンスは多様なコーポレート・ガバナンスの中のひとつと捉え，いかに企業行動を規律づけるかが課題となっている[5]。

　すなわち，会社法や経済学では株主の利益確保を前提とした価値観が採られているといえる。一方で，経営学においては，企業行動の健全性と効率性を図るためにいかに企業行動を全体的に適応させることが課題となる。

3　企業観の変化

　前述したように日本においては，公害問題を契機に大きく企業に対する見方が変化したといえる。さらに，企業による不正経理や粉飾決算，様々な偽装事件，労働問題などの不祥事が起こるたびに，企業に対する社会の目が厳しくなってきている。

　このような企業行動に対して，企業の社会的責任が問われている。企業の社会的責任とは，企業をとり巻く株主をはじめ顧客・従業員・地域社会・政府等などのステークホルダーに対しての責任であり，すなわち，企業を経済主体のみで捉えるのではなく，社会的存在として地域社会の一員として捉えることにより，企業が責任の主体となりえるのである。

　世界的に，現代企業はその社会的責任を果たすことを求められてきている。このことは，これまで株主中心のアメリカやイギリスの企業には，株主以外のステークホルダーに対して，一方で制度上の所有者である株主を重視してこなかったという側面のある日本企業には，株主に対して，その責任を果たすことが求められてきている。

　現代社会において，このように企業に対する見方は厳しくなってきており，企業観も社会的存在として，世界的にも企業は行動することを求められてきている。

　このように変化してきた企業観に基づいて，コーポレート・ガバナンスにつ

いて検討する。

第3節　コーポレート・ガバナンス・システム

　日本においては，コーポレート・ガバナンス・システム構築のため，前述のように2000年代に入って，会社法の整備・改正など制度的な面では大きく変化をしてきている。そこで，本節では，制度面を概観し，健全性と効率性を両立させるためにコーポレート・ガバナンスをいかに機能させるかという点を考察する。

　株式会社制度において，最高意思決定及び監督機能を有しているのは株主総会であるが，実質的にそれらの機能を有しているのは取締役会及び監査役である。特に取締役会の機能を中心に焦点を当てて，コーポレート・ガバナンス・システムを概観していく。

1　取締役会

　株式会社制度において，制度上，株主総会が最高意思決定機関であり監督機能を有している。しかし，現代企業においては，企業規模の拡大・業務の複雑化などを要因として所有と経営の分離が進んでおり，株主総会は形式化している。そのため，株式会社において，実質的な機能を果たしているのが，取締役会である。このように現代企業において，取締役会は株式会社における実質的最高意思決定機関として捉えることができる。

　日本の会社法では，第362条2項において，取締役会の職務として次の3項目をあげている。

① 取締役会設置会社の業務執行の決定
② 取締役の職務の執行の監督
③ 代表取締役の選定及び解職

　ここに規定されている取締役会に求められている3つの職務は，健全化を遂行するための監督機能，効率化を遂行するための業務執行の決定機能である。

コーポレート・ガバナンスにおける取締役会の役割として期待される健全化と効率化が制度的にも裏付けられている。

　取締役会には制度上，取締役の職務執行に対しての監督機能を与えられている。一方で日本の取締役会のこれまでの状況を概観すると，一般的に次のような特徴を持っている。社内取締役が多数で，通常は事業部や生産，販売，人事などの職能部門の責任者を兼任している。このような社内取締役の多くが会社内部部門の責任者を兼任している状況において，その職務は担当部門の業務が中心となり，関心も担当部門に注がれることになる可能性が大きい。さらに取締役の職務執行の監督という点，業務執行の決定に伴う業務執行の監督という点においては監督する側とされる側が同一であるという問題が提起される。また，会社組織上の上位者である社長を同じ取締役として監督することが可能であるのかという問題点も存在する。

　このような日本の取締役会おける改革は各企業独自にも実施されてきたが制度的な方向性としては，社外取締役を含む社外役員や独立役員の登用である。それまでの社内取締役中心の取締役会に，独立性の高い社外の人材を登用することにより，職務執行の監督という点において監督機能の強化が期待できる。

　また，取締役会における意思決定に対しては，入社以来，社内での経験を積み社内昇格を経てきている社内取締役中心の取締役会においては，それまでの経験による意思決定を行う傾向がみられる。急激な環境変化の現代においては，社外取締役の導入は外部からの幅広い視野による客観的意見の提供が期待できる。

　このような外部からの人材登用は，従業員のモラールの低下につながるおそれがある。しかし，現代のような急激に環境が変化していく状況に，的確に対応するため，迅速に意思決定する必要があり，社会からの経営行動に対する厳しい監視が求められている現在，取締役会の改革は必要である。

2　社外役員・独立役員

　2006年の会社法施行により，会社法上に規定された社外役員である社外取締

役と社外監査役の定義は，2015年の会社法改正により，さらにその独立性を強化されている。

社外取締役についての定義は，会社法2条15項において以下のように規定されている。

「社外取締役　株式会社の取締役であって，次に掲げる要件のいずれにも該当するものをいう。

　イ　当該株式会社又はその子会社の業務執行取締役（株式会社の第三百六十三条第一項各号に掲げる取締役及び当該株式会社の業務を執行したその他の取締役をいう。以下同じ。）若しくは執行役又は支配人その他の使用人（以下「業務執行取締役等」という。）でなく，かつ，その就任の前十年間当該株式会社又はその子会社の業務執行取締役等であったことがないこと。

　ロ　その就任の前十年内のいずれかの時において当該株式会社又はその子会社の取締役，会計参与（会計参与が法人であるときは，その職務を行うべき社員）又は監査役であったことがある者（業務執行取締役等であったことがあるものを除く。）にあっては，当該取締役，会計参与又は監査役への就任の前十年間当該株式会社又はその子会社の業務執行取締役等であったことがないこと。

　ハ　当該株式会社の親会社等（自然人であるものに限る。）又は親会社等の取締役若しくは執行役若しくは支配人その他の使用人でないこと。

　ニ　当該株式会社の親会社等の子会社等（当該株式会社及びその子会社を除く。）の業務執行取締役等でないこと。

　ホ　当該株式会社の取締役若しくは執行役若しくは支配人その他の重要な使用人又は親会社等（自然人であるものに限る。）の配偶者又は二親等内の親族でないこと。」

さらに同様に社外監査役の定義も会社法2条16項に同様に以下のように規定されている。

「社外監査役　株式会社の監査役であって，次に掲げる要件のいずれにも該当するものをいう。

第3章　コーポレート・ガバナンス

　イ　その就任の前十年間当該株式会社又はその子会社の取締役，会計参与（会計参与が法人であるときは，その職務を行うべき社員。ロにおいて同じ。）若しくは執行役又は支配人その他の使用人であったことがないこと。
　ロ　その就任の前十年内のいずれかの時において当該株式会社又はその子会社の監査役であったことがある者にあっては，当該監査役への就任の前十年間当該株式会社又はその子会社の取締役，会計参与若しくは執行役又は支配人その他の使用人であったことがないこと。
　ハ　当該株式会社の親会社等（自然人であるものに限る。）又は親会社等の取締役，監査役若しくは執行役若しくは支配人その他の使用人でないこと。
　ニ　当該株式会社の親会社等の子会社等（当該株式会社及びその子会社を除く。）の業務執行取締役等でないこと。
　ホ　当該株式会社の取締役若しくは支配人その他の重要な使用人又は親会社等（自然人であるものに限る。）の配偶者又は二親等内の親族でないこと。」

　2017年改正では，社外規定の厳格化が行われている。比較のために改正前の社外取締役と社外監査役の同条文を以下に示すと，厳格化の内容が理解できる。

　社外取締役は「株式会社の取締役であって，当該株式会社又はその子会社の業務執行取締役（株式会社の第三百六十三条第一項各号に掲げる取締役及び当該株式会社の業務を執行したその他の取締役をいう。以下同じ。）若しくは執行役又は支配人その他の使用人でなく，かつ，過去に当該株式会社又はその子会社の業務執行取締役若しくは執行役又は支配人その他の使用人となったことがないものをいう。」（会社法2条15項）という定義がなされていた。

　社外監査役は「株式会社の監査役であって，過去に当該株式会社又はその子会社の取締役，会計参与（会計参与が法人であるときは，その職務を行うべき社員）若しくは執行役又は支配人その他の使用人となったことがないものをいう。」（会社法2条16項）という定義がなされていた。

　この改正による厳格化の内容は，改正前の株式会社又はその子会社の業務執行者などだけではなく，株式会社の業務執行者などの近親者や親会社，親会社の子会社の業務執行者なども，社外役員として選任することができなくするこ

とにより，業務執行の監督などの実効性を確保しようとしている。

また，独立役員の導入に関しては，(株)東京証券取引有価証券上場規程の企業行動規範の遵守すべき事項に以下のように規定されている。

「上場内国株券の発行者は，一般株主保護のため，独立役員（一般株主と利益相反が生じるおそれのない社外取締役（会社法第2条第15号に規定する社外取締役であって，会社法施行規則（平成18年法務省令第12号）第2条第3項第5号に規定する社外役員に該当する者をいう。）又は社外監査役（会社法第2条第16号に規定する社外監査役であって，会社法施行規則第2条第3項第5号に規定する社外役員に該当する者をいう。）をいう。以下同じ。）を1名以上確保しなければならない。」（第436条の2）

以上のように会社法に規定されている条件を備える役員を上場企業に対して，1名以上の登用を求めている。

このように，会社法においては，社外の規定がより厳格されてきており，企業行動の健全化に資する改革が進んでいる。また，実施面においては，東京証券取引所の規程により，遵守基準ではあるが1名以上の独立取締役の登用および届出が求められている。

3　取締役会設置会社

2015年の会社法改正により取締役会設置会社においては，次の3つの形態を選択できるようになっている。監査役会設置会社，指名委員会等設置会社，監査等委員会設置会社の3形態である。その取締役会の役割についてみていく。

(1)　監査役会設置会社

日本において最も採用されている形態である。監査役は取締役会の監督機能を補強する存在として導入されている。会社法では，株主総会で取締役同様選任された監査役が取締役の職務の執行を監督し，会計監査及び業務監査をも行うことになっている。

監査役は会社法上，次のようである。

① 取締役会に出席し，必要があると認めるときは意見を述べる義務を負う
（会社法383条1項）

② 任期を4年に延長(会社法336条1項)
③ 大会社においての社外監査役の要件厳格化(会社法2条16項)と監査役会設置会社においては3人以上の監査役のうち過半数の社外監査役の登用(会社法335条3項)

前述のように社外監査役に関しては、当該会社と関係がないことを求める独立性要件の厳格化が行われている。

図表3-1

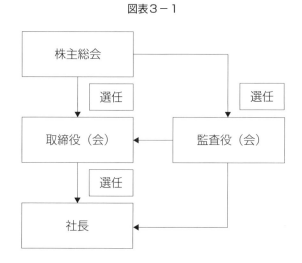

(出典) 筆者作成

(2) 指名委員会等設置会社

監査役制度のような日本独自の監督機能に加え、2002年の商法改正では委員会等設置会社という制度が新たに加えられた。この制度は会社法制定時には委員会設置会社制度として引き継がれ、2015年の会社法改正により指名委員会等設置会社と名称を変更し、存続している。

定款に定めることにより、指名委員会等設置会社制度を選択することが可能になり、監査役は置かれず、取締役会の中に社外取締役を中心とした指名・監査・報酬の3つの委員会の設置が義務づけられている。

① 指名委員会（会社法404条1項）
　株主総会に提出する取締役の選任と解任に関する議案の決定。
② 監査委員会（会社法404条2項）
　取締役および執行役の職務執行が適正に行われているかどうかを監査。従来型の監査役制度における，監査役（会）に相当する権限が与えられている。
③ 報酬委員会（会社法404条3項）
　取締役および執行役の個別の報酬内容の決定。

　各委員会は取締役3人以上で構成され，過半数を社外取締役によって占められなければならない。（会社法400条1項及び3項）

　指名委員会等設置会社は，執行役制度の導入を前提として，設立が可能となっている。この執行役とは，取締役会により選任され，委任を受けた事項の決定や，実際の業務執行を行う。取締役会は，執行役に業務執行に関する大幅な権限を委譲することができる。このことにより取締役が社内業務を兼任することを解消する。これにより社内取締役が業務執行と取締役を兼任することから解放され，取締役会による業務執行の監督という点において監督する側とされる側が同一であるという問題を解消し，取締役会の監督機能を強化することにより経営の透明性の確保を目指している。

図表3－2

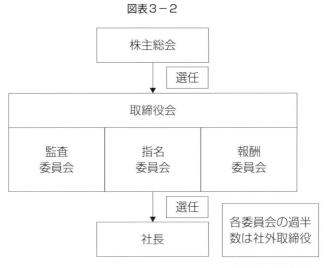

(出典) 筆者作成

(3) 監査等委員会設置会社

2015年の会社法改正により，新たに制定された形態である。委員会等設置会社（指名委員会等設置会社）と監査役会設置会社との中間に位置する形態である。

監査等委員会設置会社における監査等委員は取締役として取締役会に参加し，意見を述べるのみの監査役とは異なり議決権も有している。

監査等委員は会社法上，次のようである。

① 監査等委員は，取締役でなければならない。（会社法399条の2　2項）
② 監査等委員である取締役は，3人以上で，その過半数は，社外取締役でなければならない。（会社法331条4項6）
③ 取締役の職務の執行の監査及び監査報告の作成（会社法399条の2　3項）
④ 2年の任期の短縮不可（会社法332条4項）

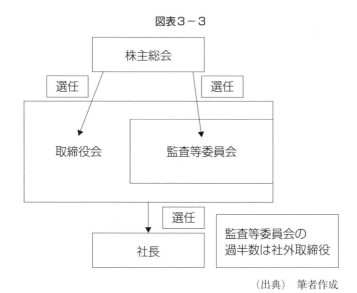

図表3-3

(出典) 筆者作成

　以上のような制度的特徴から，監査等委員会設置会社は取締役会の監督機能を強化するために導入された形態である。監査等委員は取締役ではあるが，他の取締役とは異なり，監査等委員として選任され，任期も保証されている。すなわち，監査等の活動を行うにあたり，独立的に活動することが可能である。
　他の委員会と同様に社外取締役を過半数登用することが義務付けられていることから，監督機能の独立性を担保している。
　2015年に導入された監査等委員会設置会社ではあるが，企業による採用は増加している。「東証上場会社コーポレート・ガバナンス白書　2017」[6]によると，東証上場企業の中で，監査役会設置会社が79.8％と最大になっている。次に新しく導入された監査等委員会設置会社が18.2％と増加している。一方，名称が変わったものの2002年の商法改正により導入された指名委員会等設置会社はわずか2.0％にとどまっている。
　コーポレート・ガバナンス・システムとして，取締役会の役割，法制度などの整備，制度上の形態について概観してきた。日本における現状は，制度上すなわちハードの面については，整備が進んでいるといえる。様々な制度が整備

されている中で，次に求められるのは，いかにこの制度を制定の目的に合うように運用するかという点である。

第4節　コーポレート・ガバナンスの今日的課題

　ここまでの企業観の変化とコーポレート・ガバナンス・システムについての検討から，コーポレート・ガバナンスの今日的課題を検討する。
　前節までの検討で，現代社会において，コーポレート・ガバナンスの必要性は議論の余地はないといえる。しかしながら，これまでのコーポレート・ガバナンスの議論においては，企業行動の健全性を中心に，いかに企業が不祥事を起こさないように監視監督するのかという視点での改革が行われてきた。しかしながら，前述のようにコーポレート・ガバナンスの機能としては，次の2つを挙げている。一つは経営の健全化であり，もう一つは経営の効率化である。今までの法整備や東証による規制は，企業不祥事が起こるたびに行われてきており，前者の健全性に焦点を当てているといえる。では，もう一つの経営の効率化については，どのように考えるべきなのであろうか。
　2017年3月に経済産業省は，「コーポレート・ガバナンス・システムに関する実務指針（CGS　ガイドライン）」を公表している。この指針の問題意識には，次のように記されている。
　「コーポレート・ガバナンス改革は，こうした過去20年以上にわたって企業価値が低迷し続けてきた我が国の現状から脱却し，企業の持続的な成長と中長期的な企業価値の向上を図ることのできる経済システムを構築することを目指している[7]。」
　すなわち，コーポレート・ガバナンスの機能の後者である経営の効率性について，改革が必要であるということである。
　この指針の問題意識においてあげられている課題例[8]の中で，以下の点について検討を加える。
　① ガバナンス改革を企業価値向上にどう結びつけるのかが分からず，外か

ら示された規律を形式的に「遵守」する結果になっている。
② 求める資質を有する社外取締役候補者を探すことが難しい。

これらについては，以前から課題として取り上げられてきたものであるが，現状でも中心的課題である。

前述したように，これまでのコーポレート・ガバナンスに対する対応は，不祥事を抑止するための守りの姿勢での対応であり，形式的に制度を導入するにとどまっている企業が大半だといえる。しかしながら，経営の効率性をもコーポレート・ガバナンス・システムを導入することで改善し，積極的に企業価値向上を目指すことも重要である。

このことは，各企業ごとに課題が異なり，各々が課題を見つけ，それに対するコーポレート・ガバナンスの改善に取り組むことが求められる。

また，社外役員及び独立役員の要件厳格化により，以前にもまして社外役員を登用することが難しいのが日本の現状である。しかし，指針においては，「社外取締役の人材市場の拡充のため，経営経験者が積極的に他社の社外取締役を引き受けることを検討すべきである[9]。」としている。これが実現することにより，社外役員の適格性や経営判断への問題は解消される。しかしながら，日本の現状では，どのくらいの人材が，供給されるのかが問題である。

コーポレート・ガバナンスにおいては，経営の健全性と経営の効率性がともに重要である。これまでは健全性に比重が置かれていたが，今後は効率性を目指すコーポレート・ガバナンス改革が必要である。そのためには，制度面のみではなく，経営者の意識面での変化が求められる。すなわち，コーポレート・ガバナンスにおいて本来，経営者が自ら，外部からの制度改革がなくとも，倫理基準を常に見直し，企業を環境に適応させて，持続的発展を目指すことが重要である。すなわち，コーポレート・ガバナンスの確立には，常に倫理基準を見直し続けていくことが必要であり，その実行機関が取締役会であるといえる。

第3章　コーポレート・ガバナンス

〔注〕
1) 平田光弘, (2012), 「経営者自己統治論「これから」」経営哲学学会編『経営哲学の授業』PHP研究所による区分を参考にしている。
2) (株) 東京証券取引所代表執行役社長記者会見, 2012年1月31日。
3) (株) 東京証券取引所「コーポレートガバナンス・コード～会社の持続的な成長と中長期的な企業価値の向上のために」, 2015年6月1日。
4) 同上, 2ページ。
5) 3) 神戸大学経営学COE企業統治グループ, 経済教室・ゼミナール「新時代の企業統治」日本経済新聞, 2007年6月1・4日。吉森賢 (1998),「企業はだれのものか－企業概念の日米欧比較」横浜経営研究第ⅩⅠⅩ巻第1号42～54頁に詳しく論じられている。
6) (株) 東京証券取引所「東証上場会社コーポレート・ガバナンス白書　2017」, 2017年3月, 60ページ。
7) 経済産業省「コーポレート・ガバナンス・システムに関する実務指針（CGS　ガイドライン）」, 平成29年3月31日, 3ページ。
8) 同上, 3ページ。
9) 同上, 21ページ。

第4章 経営戦略

はじめに

　経営学において「戦略」という用語が用いられたのは1960年代のアメリカである。この戦略を最初に取り入れたのはA. Dチャンドラーの『経営戦略と経営組織：STRATEGY AND STRUCTURE』(1962年)であるとされている。実践的な立場から経営戦略を体系的に展開したのはH. Iアンゾフ『企業戦略論 CORPORATE STRATEGY』(1965年)である[1]。爾来，経営戦略は多くの実務家や研究者によって実践され研究・検証されてきた。もともと経営戦略は学問的な関心からスタートしたというより，実務的重要性から生まれた分野である。では研究者が関与する意義としてどのようなことかということについて沼上は次のように指摘している。①実務家は「新しい解決策」・「新しい概念」で解決する。研究者は過去の概念や理論の相互関係や背後の考え方の基本構造を明確化し，社会の知的水準を累積的に高めることに関与する。②現実的な問題の解明のために，新たな理論的アイデアを他の学問分野から輸入・加工して，問題そのものから少し距離をとって新たな視点から問題を考えてみる，というアイデア創出の機能に関与する。経営戦略論の研究者は，『あくまでも現実的な問題から出発し，その問題を解決するために多種多様な学問領域から概念を輸入・加工・彫琢し，そのプロセスを通じて「問題領域発の理論構築」を行う』ことであると述べている[2]。

　こうした視点から本章では，第1節では，経営戦略論の概念と考え方，第2節では，経営戦略の基本的要素，第3節では，経営戦略の階層，第4節では，経営戦略の今日的課題について解説する。

第1節　経営戦略の概念と考え方

1　経営戦略の概念

(1)　チャンドラーの定義[3]

戦略とは「一企業の基本的な長期目的を決定し，これらの諸目的を遂行するために必要な行動方式を採択し，諸資源を割当てること」と定義している。

(2)　アンゾフの定義[4]

戦略とは「(1)企業の事業活動についての広範な概念を提供し，(2)企業が新しい機会を探求するための個別的な指針を設定し，(3)企業の選択の過程を最も魅力的な機会だけにしぼるような意思決定ルールによって企業目標の役割を補足するもの」としている。

(3)　ホファー／シェンデルの定義[5]

戦略とは「組織がその目的を達成する方法を示すような，現在ならびに予定した資源展開と環境との相互作用の基本的パターン」と定義している。

(4)　奥村昭博の定義[6]

経営戦略とは，「企業がその置かれた環境での生存領域（ニッチ）に適応するための行動様式」であるとしている。

経営戦略の概念定義について，主な研究者の定義を紹介したが，ここでは定義の比較検討が目的ではないので，叙述にとどめる

2　経営戦略の考え方

経営戦略の考え方については経営学の泰斗：沼上と伊丹の研究を紹介する。沼上は経営戦略に関する考え方を，次の5つに分類整理している[7]。

第1は，戦略計画（planning）：戦略とは，組織全体の目標に向かってそのメンバーの活動を整合化させるプラン（シナリオ）である。この戦略は1960年代の考え方である。

第2は，創発（emergence）：戦略は誰かが事前にトップダウンで決めるもの

ではなく，現場のミドルたちの相互作用の結果として事後的に創発するものである（典型的にはミンツバーグ，バウアーの考え）。このことを少し補足すれば，本社（トップ）と各事業部（ミドル）との関係を考えれば理解しやすい。本社が各事業部の達成目標を設定し計画を立てるが，同時に各事業本部にはある程度の自由度があたえられていて，その事業部ごとの環境適応の結果として，当初の戦略計画策定時には想定されなかったことが事業に追加されることもあり得る。戦略計画と創発は部分的に対立する考え方であるが，ある程度のところでバランスをとる考え方である。この戦略は1970年代の考え方である。

第3は，ポジショニング（positioning）：戦略とは特定の「立地」をとることである。環境の機会と脅威を中心として経営戦略を考える。この戦略は1980年の考え方である。

第4に，経営資源（resources）：経営資源はヒト・モノ・カネ・情報である。有用なサービスや製品を踏み出すのは経営資源に依存する。自社の強みと弱みを中心として経営戦略を考える。この戦略は1990年代の考え方である。

第5に，ゲーム（games）：戦略の本質は，競争相手や取引先との駆け引きや出し抜きである。出し抜くべき相手の意図を読み，その行動を読み，その後の相互作用が展開されていくシナリオを読むことが戦略のエッセンスである。この戦略は2000年代の考え方である。

次に，伊丹の経営戦略の考え方を示せば次のとおりである[8]。

経営戦略とはなにかに対して戦略の本質は，「いまだあらざる姿」を求めるところにある。まだ現実から遠い「ありたい姿」を描き，そこへ到達するための現実的なシナリオを用意することが戦略の本質としている。

そして，企業発展の長期経路に対する設計図である。図表4－1は戦略と目標を示したものである。戦略とは，「将来のありたい姿」と「そこへ至るための変革のシナリオ」からなる。「ありたい姿」が流れの終着点を示し，「変革のシナリオ」がそこまでの道のりを示す。この二つの流れる設計が戦略であるとしている。

ありたい姿の変数は，①製品・市場，②ビジネスシステム，③経営資源であ

る。戦略を策定するにはこの中核戦略を定めることが重要であると指摘している。変革シナリオは中核戦略のための事業展開の戦略を意味する。図表4－1に入っている番号は戦略を策定し成功した人の発想の順序である。

図表4－1　戦略と目標

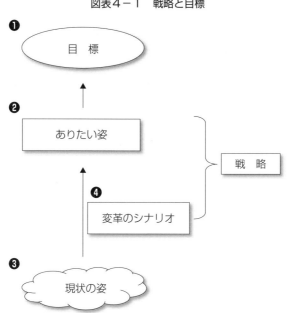

（出所）　伊丹敬之『経営戦略の論理』日本経済新聞出版社，2016年，9ページ。

以上，経営戦略の定義と概念と考え方について述べたが，経営戦略の概念に共通する用語は目的，資源，目標，環境である。このことから，ここでは取りあえず，経営戦略とは「組織が目標を定めそれを達成するための方法や手だてを考え，経営資源の配分と環境適応するための意思決定である」と定義する。

現代の企業は，さらに社会的責任や社会貢献が問われていることから「企業と社会」的視点から社会戦略の研究アプローチも議論されている。

第2節　経営戦略の基本的要素

　経営戦略の基本的な構成要素は諸説ある。アンゾフは「製品・市場分野」「成長ベクトル」「競争優位性」「シナジー」をあげている[9]。ホファー・シェンデルは「ドメイン」「資源展開」「競争優位性」「シナジー」の4つの要素を示している[10]。本節では基本的要素：1．ドメイン，2．資源展開，3．環境分析，4．競争優位性，5．シナジー要素についてその概要を解説する。

1　ドメインとは

　領域・ドメインの定義については諸説あるが，主な定義は次の通りである。
(1)　ホファー／シェンデル[11]
　領域。すなわち，組織の現在と予定した環境との相互作用の程度。この要素は，組織のドメインと呼ばれている。
(2)　加護野忠男[12]
　ドメイン（生存領域）とは，現在から将来にわたって，「自社の事業はいかにあるべきか」を決定することである。言い換えれば「企業の環境適応の長期的構図を描くことであり，経営戦略の他の決定の基礎となるものである。ドメインの定義は，戦略の決定のための空間（戦略空間）を決める」ことと定義している。
(3)　伝統的なドメインの定義は①物理的定義，②機能的定義，③2次元的定義がある[13]。現在ではエーベルの3次元的定義が主流となっている。
　①物理的定義とは，製品に基づいてなされる定義のことであり，②機能的定義とは，市場の基本的なニーズに関連させて事業を定義する。③2次元的定義とは，ドメインを「市場」と「技術」の2次元で定義する。市場とは地理的，人口統計的，購買行動などの基準によって市場を細分化した顧客層のこと。技術とは製品・サービスの根源となる企業が持つ中核的な能力や資源のこと。④現代の代表的な定義として，エーベル（Abell）が「顧客層」「顧客機能」「技

術」の3次元事業を規定している[14]。

「顧客層」とは年齢，性別など同一性に基づいて細分された市場のこと，「顧客機能」とは製品・サービスが満たす顧客層のニーズのこと，「技術」とは製品・サービスを提供するにあたって自社の中核となる能力や資源のことで「コア・コンピタンス」の考え方と同じ考え方を持っている

領域とは，ドメインと理解できる。企業の環境に適応して将来の姿の基礎となるものと整理できる。

2 資源展開

経営資源はヒト・モノ・カネなどの物的経営資源と，技術，ノウハウ，信用，暖簾，ブランド・イメージなどの情報的経営資源に分けられる。企業が市場で生き残るためには競争相手に勝つために必要な物的経営資源や情報的経営資源を蓄積しなければならない。経営資源をいかに蓄積するか，ドメインの各事業分野にどのように経営資源を配分するかが問題となる[15]。

資源展開は経営戦略にとって重要な問題である。ここでは，(1)経験効果(2)資源配分：PPMの要点について述べる。

(1) 経験効果[16]

経験効果とは経験が蓄積されるにつれて，コストが低下する現象のことである。この経験効果の概念は1960年代にボストン・コンサルティング・グループ（BCG）が提唱したものであり，SBU（Strategic Business Unit：戦略的事業単位）評価の1つの尺度として，SBUの市場における「相対的マーケットシェア」を用いる。その根拠は経験曲線効果にある。製造コスト，管理，販売，マーケティング，流通に適用され，一製品の累積生産量が2倍になるにつれて，これらのトータル・コストが一定の，しかも予測できる率で低下するという経験則を製品コストの研究から導きだしたものである。コストの低減率は，製品の累積生産量が倍加するごとに，通常10％から30％下がる。なぜ経験効果が発生するかは，①習熟による労働者の能率向上②作業の標準化と作業方法の改善③製造工程の改善・改良④生産設備の能率向上⑤製品の標準化⑥製品設計の合理化

などの理由による[17]。

(2) 資源配分の手段としてのPPM[18]

　企業がマーケットシェアを拡大するには，事業資金に適合する最適な資源配分の方法をとらなければならない。事業あるいは製品に関する資金の流出入は，市場成長率とマーケットシェアの組みあわせによって決まるPPM（Product Portfolio Management）という手法がある。

　PPMとは縦軸に市場成長率，横軸に相対的マーケットシェアといった2つの尺度をもとに2次元のマトリックスを描き，そのうえに企業を構成する各SBU（Strategic Business Unit：戦略事業単位）をポジショニングすることである。図表4－2に示すように各セルは「花形商品」(star)，「金のなる木」(cash cow)，「問題児」(problem child)，「負け犬」(dog)と名付けられている。

① 「花形商品」は市場成長率が高く，マーケットシェアも高いため利益率も高い。長期的な成長率の鈍化に連れて，「金のなる木」となり，次の「花形商品」を育成する資金源となる可能性がある。

② 「金のなる木」市場成長率は低いがマーケットシェアは高い。「金のなる木」となるには，マーケットシェアが1.5以上にならなければならないという経験則が発見されている。

③ 「問題児」は市場成長率高いが，マーケットシェアは低い。「問題児」は資金流入より多くの投資を必要とする部門で，企業は投資によって「花形商品」に育成するか，放置して「負け犬」にするか選択する。

④ 「負け犬」は市場成長率とマーケットシェアともに低い。収益性は長期的に低水準におかれるが，市場成長率は低いため資金流出は少ない。

　このPPMから企業は主な事業を識別し，複数のSBUを収益性，成長性，資金フローの点から評価し，各SBUにどれだけの資源を配分すべきかを決めることができる。

図表4-2　BCGマトリックス

市場成長率	高	花形	問題児
	低	金のなる木	負け犬
		高　　1.0　　低	
		相対的マーケットシェア	

（引用）石井淳蔵・奥村昭博・加護野忠男・野中郁次郎『経営戦略論新版』有斐閣，2008年，103ページ一部修正。

3　環 境 分 析

　戦略を策定する場合は，まず自社がもつ経営資源とステークホルダーの目標を考える。企業のドメインを明確にする。自社の経営資源を通じて自社の内的な強みと弱みを抽出し分析する。これがSWOT分析（強み（Strength），弱み（Weaknesses），機会（Opportunity），脅威（Threat）に区分して，企業を全体的に整理する）ものである。

　SWOT分析の目的は，SWOTのそれぞれの要素を組みあわせながら戦略の代替案を創出することにある。そのために図表4-3に示した「本来のSWOT分析の使い方」が適切である[19]）。

　この図表4-3の事例は，1970年代前半のフォルクス・ワーゲン社の直面した状況と戦略の選択肢である。この事例について沼上は次のように説明している。

　この図表4-3を見ると，横軸の上段に強みと弱み，縦軸の左端に機会と脅威について多様な要因を列挙していく。その上で，この列挙された要因の組みあわせを考え，その多様な組み合わせに応じてどのような戦略が考えられるのかを思考し，戦略の代替案を4つのマトリックスに書き込むのである。SWOT分析は単に強みと弱み，機会と脅威を整理しただけでは戦略にはならない。あくまで，要因を結びつけて戦略の選択肢を生成することが目的であることを意識させるために3×3が重要である。こうした考え方を示した文献は少なく価値がある。

第4章　経営戦略

図表4－3　本来のSWOT分析の使い方

	内部の強み（S） (1) 強力な研究開発とエンジニアリング (2) 販売およびサービス・ネットワークの強さ (3) 効率的な生産・自動化の能力	内部の弱み（W） (1) 単一製品への依存度高い（数種のあまり成功していないモデルを導入したが） (2) ドイツ国内でのコスト上昇 (3) アメリカに工場をつくる場合，アメリカの労働組合と対応した経験がない
外部の機会（O） （リスクも考慮せよ） (1) ますます豊かになってきているので，市場は多くのオプションつきの贅沢なクルマを需要する (2) アメリカで組立工場を建設するようにという魅力的なオファー (3) クライスラー社とAMC社は小さなエンジンを必要としている	SO (1) 多くのオプションが付いた様々な価格帯の複数製品ラインを開発・生産せよ（ダシャー，シロッコ，ラビット，アウディ，ライン）．（$O_{(1)}$, $S_{(1)}$, $S_{(2)}$） (2) 研究開発・エンジニアリング・生産／自動化の経験を基に組立工場を建設せよ（$O_{(2)}$, $S_{(2)}$, $S_{(3)}$） (3) クライスラー社とAMC社に向けてエンジンを生産せよ（$O_{(3)}$, $S_{(3)}$）	WO (1) 異なる価格水準に合わせて部品を共有化するモデルを開発せよ（ラビットからアウディラインまで）（$O_{(1)}$, $W_{(1)}$） (2) ドイツ国内で上昇するコストに対応し，アメリカの労働組合に対応した経験のある管理者を雇い入れて，アメリカに工場を建設せよ（$O_{(2)}$, $W_{(2)}$, $W_{(3)}$）
外部の脅威（T） (1) 為替レートドイツマルクに対するドルの値下がり (2) 日本とアメリカの自動車メーカーからの競争 (3) 燃料不足と価格	ST (1)アメリカ国内に工場を建設することで為替レートの効果を削減せよ（$T_{(1)}$, $T_{(2)}$, $S_{(1)}$, $S_{(3)}$） (2) 先進設計技術を用いて競争相手に対応せよ（たとえばラビット）（$T_{(2)}$, $T_{(3)}$, $S_{(1)}$, $S_{(2)}$） (3) 燃料噴射によって燃料消費を改善し，また燃料効率のよいディーゼル・エンジンを開発せよ（$T_{(3)}$, $S_{(1)}$）	WT A．弱みを強みに変えることで克服せよ （OS戦略への移行） (1) 柔軟な製品ラインを開発することで競争の脅威を削減せよ（$T_{(2)}$, $T_{(3)}$） B．VWは用いなかったがあり得るオプション (1) クライスラー社かAMC社との共同事業に従事する (2) アメリカ市場から撤退せよ

（出所）　Weihrich, Heinz, "The TOWS Matrix：A Tool for Situational Analysis", Long Range Planning, Vol. 1. 15 No. 2.
　　　　沼上幹『経営戦略の思考法』日本経済新聞出版社，2009年，30ページより引用。

4 競争優位性

競争優位性とは企業が競争上の優位性を生み出すための製品，市場特性のことであり[20]，競争戦略とは個々の事業分野において，蓄積・配分された資源をもとに，いかにして競争優位性を確立するかの決定が競争戦略である[21]。

(1) 五つの競争要因[22]

ポーターによれば，競争戦略の決め手は，会社をその環境との関係でみることである。会社を取り巻く環境の中心は業界である。競争状態を決めるのは五つの要因がある。

五つの要因は図表4-4に示すようにA既存企業間の対抗度，B新規参入の脅威，C買い手の交渉力，D売り手の交渉力，E代替品の脅威に分類される。この五つの要因はさらに図表4-5が示すように30以上の細項目に分けられる。この項目は沼上の研究したもので他にはあまり見受けられないので紹介した。この30項目以上をひとつずつチェックしてその全体像から業界の利益ポテンシャルを総合的に判断する[23]。

五つの競争要因のポイントは次の通りである[24]。

A　既存企業間の対抗度

同業者はお互いに相手の行動の如何によって反撃行動をとる。

B　新規参入の脅威

新規参入の脅威は，参入への障壁がどれくらいあるか，既存の業者新規参入業者にどれくらいの反撃を起こすかによって決まる。障壁が堅固で，防衛を強化した既存の業者からの報復が予想されれば，新規参入の脅威は小さくなる。

C　買い手の交渉力

買い手は，値下げを迫ったり，高い品質を要求したり，売手同士を競いあわせたりして，業界を相手に戦うことは業界の収益性を損なう行動である。

買い手の力が強くなる場合には，買い手が集中していて，売り手の総取引量，買い手の交渉力が大きくなったような場合に考えられる。

D　売り手の交渉力

供給業者は，買い手に対して，価格を上げたり，品質を下げるといった脅しをかけることで交渉力を行使する。

E　代替品の脅威

業界内のすべての企業は，代替製品を生産する他の業界と競争している。代替製品とは，現在の製品よりも価格対性能比がよくなる製品をいう。

図表4－4　ファイブ・フォーセズ・モデル

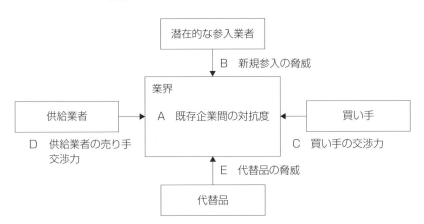

（出所）　Porter, Michael E, Competitive Strategy, New York：Free Press. 1980.
　　　　沼上幹『経営戦略の思考法』日本経済新聞出版社，2009年，59ページより引用。

図表4-5　業界の構造分析の基本骨格

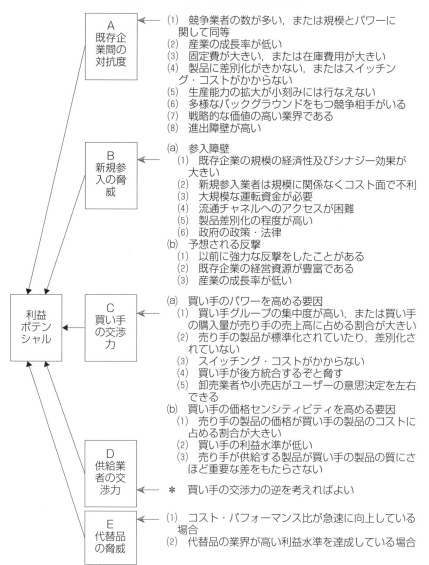

(出所)　沼上幹『経営戦略の思考法』日本経済新聞出版社，2009年，60ページより引用。

(2) 三つの基本戦略

ポーターは五つの競争要因に対処する場合，他社に打ち勝つため三つの基本戦略を指摘している。すなわち図表4－6に示す①コストのリーダーシップ戦略，②差別化戦略，③集中戦略である[25]。

① コスト・リーダーシップ戦略

1970年代に重視された「経験曲線効果」と「規模の経済」によるコスト優位にそった政策を実行することで，コストのリーダーシップをとろうとする戦略である。コスト・リーダーシップ戦略の実行には，最新生産設備に事前の巨額投資，攻撃的な価格政策，市場シェア確保のため赤字を覚悟する必要がある。高い市場シェアが確保できると，規模の経済で原材料の大量購入が可能となり，コストの低下をもたらす。低コストの地位が確保できると，マージン率が高くなり，利益によって，コストのリーダーシップを維持するための最新設備や機械への再投資も可能となる。

② 差別化戦略

差別化戦略は，自社の製品・サービスを差別化する戦略である。差別化には製品計画や製品特長，ブランドイメージ，テクノロジー，顧客サービスの差別化などがある。差別化に成功すれば，業界の平均以上の収益があり，同業者からの攻撃を回避させることができる。

③ 集 中 戦 略

集中戦略は，特定の買い手グループ，特定製品の種類，特定の地域市場へ資源を集中するなど特定のターゲットを目的とする戦略である。この戦略は特定のターゲットだけに絞られるから，低コストも差別化も可能となる。この戦略が成功すれば，業界の平均以上の収益が得られ，絞られたターゲットで低コストの地位が得られる。

図表4-6　戦略の有効性

	顧客から特異性が認められる	低コスト地位
業界全体	差別化	コストのリーダーシップ
特定セグメントだけ	集　　　中	

（戦略ターゲット）

（出所）M. E. ポーター　土岐守・中辻萬治・服部照夫訳『競争の戦略』ダイヤモンド社，1990年，61ページ。

5　シナジー[26]

　企業の製品－市場戦略の構成要素であるシナジーは，企業の資源から，その部分的なものの総計よりももっと大きな結合した力（遂行力）によって，一種の結合利益を生み出すことができる。この効果は「2＋2＝5」として表現される。シナジーは資本利益率を構成する要素によって次の4つに分類できる。

① 販売シナジー

　製品に対して，共通の流通経路や販売管理組織，共通の倉庫を利用するときに効果を発揮する。共通の広告，販売促進，従来の名声といったものも，すべて同じ金額を費やして多くの利益を上げる。

② 生産シナジー

　施設と人員の高度な活用，間接費の分散，共通の経験曲線に基づく利点，大量仕入の結果による。

③ 投資シナジー

　プラントの共同使用，原材料の共同在庫，類似製品に対する研究開発の残存効果，共通のトゥーリング（tooling：機械を設備する），共通の機械による結果による。

④ マネジメント・シナジー

　企業のマネジメントに対する全体的な効果要因である。経営者は多様な戦略的問題，管理的問題，業務的問題に直面する。新しい業種に進出したとき，その経営者は新しい問題に直面しても過去に遭遇していれば，新規事業を有効に推進する。経営者は業績を高めるために企業統合も考える。

　しかしながら，新規分野で起こる諸問題は過去に経験のない未経験な場合もあり得る。その場合はプラスのシナジーが低くなり，経営者の意思決定にマイナスの効果を及ぼす場合もある。

第3節　経営戦略の階層

　ホファー／シェンデルは経営戦略の階層を，(1)全社戦略，(2)事業戦略，(3)機能分野別戦略に分類している[27]。

(1) 全社戦略[28]

　全社戦略は全社レベルにおいて決定される戦略である。通常，全社戦略は事業が1つの場合は事業戦略と全社戦略が同じとなる。ここでは，全社戦略と企業戦略と同意語で用いることにする。全社戦略とは，企業全体の将来のあり方にかかわるものであり，基本的にはいかなる事業分野で活動すべきかに関する戦略であり，主に事業分野の選択と事業間の資源の蓄積と配分という資源展開のあり方を内容としている。これは企業の成長に関する戦略として位置づけられる。

　企業戦略は，企業理念　→　企業目標　→　企業ドメイン　→　製品・市場戦略　→　資源ポートフォリオ戦略のステップで考える。

　①企業理念は，企業の社会的役割，ビジョン，行動指針で表現される。②企業目標とは，企業が長期的に達成しようとする最終到達点である。③企業ドメインとは企業の生存領域を示すものである。④製品・市場戦略では，企業がどのような製品・市場領域で事業を行っていくかを決定することである。アンゾフは製品と市場の組み合わせにより図表4－7に示すように4つの戦略に分類

している。すなわち，市場浸透戦略，市場開拓戦略，製品開発戦略，多角化戦略である。⑤最後の資源ポートフォリオ戦略である。この戦略は業務範囲の決定と経営資源ポートフォリオが含まれる。業務範囲の決定はバリューチェーン（価値連鎖）の問題である。資源ポートフォリオは製品・市場戦略や業務範囲の決定に応じて，企業の経営資源をいかに行うかを決定することである。

図4-7　アンソフの成長ベクトル

（出所）　Ansoff. H. Igor, Corporate Strategy：An Analytical Approach to Business Policy for Growth and Expansion, New York：McGraw-Hill, 1965.
　　　　沼上幹『経営戦略の思考法』日本経済新聞出版社，2009年，18ページより引用。

(2)　事 業 戦 略

　事業戦略とは全社戦略（企業戦略）のサブ・システムの一つである。経営戦略ではA事業，B事業，C事業のように事業単位ごとに戦略を策定する。
　事業戦略は「戦略の明確化 → 戦略の評価 → 戦略オプションの創出 → 戦略オプションの評価 → 戦略の選択 → 戦略の伝達 → 戦略の実行」という流れで展開する。事業戦略は企業戦略策定時より詳細にその事業内外の環境を考慮して，事業の方向に対する戦術を練り実行する[29]。
　1980年にP.コトラーの提唱した競争地位戦略は，マーケットシェアに着目し，競争地位に応じた企業の戦略目標を提示する方法である。
　コトラーの競争地位は経営資源の縦軸に経営資源の質，横軸に経営資源の量により4つに分類できる[30]。
　①　リーダーは「量的経営資源，質的経営資源に優れる企業」である。戦略

目標は周辺需要拡大政策や同質化政策などで市場全体を拡大させる戦略をとる。

② チャレンジャーとは「量的経営資源は優れるが，質的経営資源でリーダーを追う企業」である。戦略目標は攻撃対象を明確に，シェアを高める戦略をとる。

③ ニッチャーとは「質的経営資源には優れるが，量的経営資源がリーダー企業に対して相対的に劣る企業」である。商品の価格帯，販売チャネルを限定して，専門化することで収益を高める戦略をとる。

④ フォロワーとは「量的経営資源にも質的経営資源にも恵まれない企業」である。製品開発コストを抑え，高収益の達成を戦略目標とする。

戦略には，競争優位が必要である。競争優位はマイケルE.ポーターの三つの基本戦略がある。すでに述べた①コスト・リーダーシップ戦略，②差別化戦略，③集中戦略がそれである。

(3) **機能別戦略**[31]

機能別戦略は，研究開発戦略，生産戦略，マーケティング戦略，人事戦略，財務戦略といった機能別に分割する方法である。この機能別戦略の策定では，バリューチェーン（価値連鎖）の観点から考える。バリューチェーンはポーターが1985年に取り上げた概念である。製品やサービスが企業活動のどの部分によって価値を付加されているかを確認するための有効な分析方法である。

企業活動は「主活動」と「支援活動」に分けられる。主活動には購買物流，製造，出荷物流，販売・マーケティング，サービスがあり，支援活動には全般管理，人事・労務管理，技術開発，調達活動がある。全般管理は法務や経理といった経営全般にかかる管理活動を指し，バリューチェーン全体を支援する。

第4節　経営戦略の今日的課題

現代企業が直面する経済環境，経営環境は激しく変化し続けている。変化する市場で競争企業に打ち勝つために企業は「将来のありたい姿」と「そこへ至

る変革のシナリオ」を基本に経営戦略を策定しなければならない。策定には企業の外部環境を取り巻くステークホルダーとの関係も重視しなければならない。

　本章では，経営戦略の概念，考え方を整理し，その上で経営戦略の基本的な要素をレビューし，最後に経営戦略を階層別な視点から俯瞰した。

　経営戦略の今後の課題を語るため，経営戦略の系譜32)をまとめそこから今日的課題を指摘しておきたい。

　1960年代の経営戦略論は，企業が自らの経営活力を蓄積し，強化する方法を内容とした。チャンドラーの『経営戦略と組織』，アンゾフの『企業戦略論』がこのことを示している。1970年代では，多角化した事業の再編成へと変化した。ボストンコンサルティングはPPMの経営戦略の手法を開発した。1980年代では，企業間競争のための経営戦略が意識され，ポーターの『競争戦略論』が登場してきた。1990年代以降の経営戦略論は，企業が保有する経営資源に着目し知的資源の創造を可能にするかどうかに経営の成否がかかった。「SECIモデル」は「共同化 → 表出化 → 連結化 → 内面化」という一連のプロセスを解明し，こうした知識創造活動を可能とする企業を「知識創造企業」と名付けた。この解説については，本章では触れていないので参考文献を参照されたい。

　現在，日本経済も厳しく企業を取り巻く環境も予測が困難な時代である。グローバル化，技術革新の進展，環境保全などより，経営戦略においても従来の市場性から社会性をともなった戦略が求められている。いわゆる社会戦略の研究が重要になってくる。どのような経営環境であれ，経営者は伊丹の唱える「戦略の基本論理」①経済の論理（カネの論理）②見えざる資産の論理（情報の論理）③人間心理の論理（ヒトの論理）がどんな分野での戦略であれ，どの戦略的適合（顧客，競争，資源，技術，心理）を目指すにせよ，ある戦略が良いか悪いか成功しそうか，その判断はこの三つ論理を組み合わせた総合判断で行うべきという基本的な論理33)をよく研究すれば道筋が見えてくると思う。

　最後に，事例としてシャープの経営戦略，ニトリと大塚家具の経営戦略，東芝の「不適切会計」について調べ経営者の経営戦略の考えがいかに影響を及ぼしているかを学んで欲しい。

第4章　経営戦略

〔注〕
1) 石井淳蔵・奥村昭博・加護野忠男・野中郁次郎著『経営戦略論』有斐閣，2008年，2ページ。
2) 沼上幹『経営戦略の思考法』日本経済新聞出版社，2009年，ⅰ－ⅲページ。
3) チャンドラー著，三菱経済研究所訳『経営戦略と組織』実業之日本社，1967年，29ページ。
4) アンソフ著，広田寿亮訳『企業戦略論』産業能率短期大学出版部，1969年，129ページ。
5) ホファー／シェンデル著奥村昭博・榊原清則・野中郁次郎共訳『戦略策定－その理論と手法』千倉書房，1987年，30ページ。
6) 奥村昭博著『経営戦略』日本経済新聞出版社，2010年，24ページ。
7) 沼上幹　前掲書，5－12ページ。
8) 伊丹敬之著『経営戦略の論理』日本経済新聞出版社，2016年，8－18ページ。
9) 沼上幹　前掲書，16－20ページ。
　　アンソフ著，広田寿亮訳　前掲書，135－140ページ。
10) ホファー／シェンデル著奥村昭博・榊原清則・野中郁次郎共訳　前掲書，30－31ページ。
11) ホファー／シェンデル著奥村昭博・榊原清則・野中郁次郎共訳　前掲書，31ページ。
12) 石井淳蔵・奥村昭博・加護野忠男・野中郁次郎　前掲書，9ページ。
13) 井上善海・大杉奉代・森宗一『経営戦略入門』中央経済社，2016年，45－46ページ。
14) 井上善海・大杉奉代・森宗一，同上書，25ページ。
15) 石井淳蔵・奥村昭博・加護野忠男・野中郁次郎　前掲書，9－10ページ。
16) 石井淳蔵・奥村昭博・加護野忠男・野中郁次郎　前掲書，96ページ。
　　井上善海・佐久間信夫編『よくわかる経営戦略』ミネルヴァ書房，2010年，33ページ。
17) 伊丹敬之・加護野忠男『ゼミナール経営学入門』日本経済新聞出版社，2011年，39ページ。
　　石井淳蔵・奥村昭博・加護野忠男・野中郁次郎　前掲書，96－97ページ。
18) 石井淳蔵・奥村昭博・加護野忠男・野中郁次郎　前掲書，102－104ページ。
19) 沼上幹　前掲書，29－31ページ。
20) 石井淳蔵・奥村昭博・加護野忠男・野中郁次郎　前掲書，3ページ。
21) 石井淳蔵・奥村昭博・加護野忠男・野中郁次郎　前掲書，10ページ。
22) M. E. ポーター　土岐守・中辻萬治・服部照夫訳『競争の戦略』ダイヤモンド社，1990年，17－18ページ。
23) 沼上幹　前掲書，58－60ページ。
24) 沼上幹　前掲書，58－60ページ。
　　M. E. ポーター　土岐守・中辻萬治・服部照夫訳　前掲書，21－49ページ。
25) M. E. ポーター　土岐守・中辻萬治・服部照夫訳　前掲書，56－71ページ。井上善海・佐久間信夫編　『前掲書』，41ページ。

26) IGOR ANSOFF, "*Corporate Strategy*" First ed. McGraw-Hill 1968 p.82.
アンソフ著，広田寿亮訳『企業戦略論』　前掲書，99－101ページ。沼上幹　前掲書，19－20ページ。
27) ホファー／シェンデル著，奥村昭博・榊原清則・野中郁次郎共訳　前掲書，33ページ。
28) 大滝精一・金井一頼・山田英夫・岩田智著『経営戦略論』有斐閣，2017年，63－65ページ。
29) 土方千代子・椎野裕美子著『経営学の基本がきっちりと理解できる本』株式会社秀和システム，2012年，92－93ページ。
30) 大滝精一・金井一頼・山田英夫・岩田智　前掲書，112－122ページ。
土方千代子・椎野裕美子著　同上書，95ページ。
31) 井上善海・佐久間信夫編『よくわかる経営戦略』ミネルヴァ書房，2010年，48－49ページ。
一般社団法人日本経営協会監修『経営学検定試験公式テキスト経営学の基本』2015年，116－117ページ。
32) 一般社団法人日本経営協会監修者　同上書，66－72ページ。
33) 伊丹敬之　前掲書，286－287ページ。

〔参考文献〕
1) 「よくわかる現代経営」編集委員会編『よくわかる現代経営』ミネルヴァ書房，2009年。
2) 網倉久永・新宅純二郎著『マネジメント・テキスト　経営戦略入門』日本経済新聞出版社，2011年。
3) 沼上幹著『ゼロからの経営戦略』ミネルヴァ書房，2016年。
4) 松本芳男著『現代企業経営学の基礎』同文舘出版，2014年。
5) グローバルタスクフォース株式会社著『ポーター教授『競争の戦略』入門』総合法令，2010年。
6) 波頭亮著『経営戦略論入門』株式会社PHP研究所，2013年。
7) 伊藤賢次著『経営戦略－環境適応から環境創造へ』創成社，2012年。

第5章 経営管理

はじめに

　本章では，まず，経営理論や経営組織論の発展過程に対応させて，テイラー（Taylor, F. W.），フォード（Ford, H.）およびファヨール（Fayol, J. H.）を中心とした古典的経営管理論，メイヨー（Mayo, G. E.），フォレット（Follett, M. P.），マズロー（Maslow, A. H.），アルダーファー（Alderfer, C. P.），アージリス（Argyris, C.），マグレガー（McGregor, D.），リッカート（Likert, R.）およびハーズバーグ（Herzberg, F.）を中心とした新古典的経営管理論について整理する。つぎに，競争戦略論の発展過程に対応させて，近年の急速に変化する（動学的な）環境の下で，ファヨールに端を発する管理過程論の限界と課題について，OODAループや競争戦略論との関連で比較検討し，経営管理の今日的課題を指摘する。なお，経営理論，経営管理論および経営組織論ともに，バーナード革命を転機として，近代理論へと進化することとなったが，バーナード以降の近代理論については，他の章で取り上げられるため，ここでは，古典的経営管理論，新古典的経営管理論に限定しつつも，経営管理の今日的課題を指摘することとする。

第1節　古典的経営管理

1　資本主義の誕生：経済学から経営学へ

　1760年代に英国で起こった産業革命（工業化の初期）とほぼ同時期の1776年，スミス（Smith, A.）の『諸国民の富』（『国富論』）によって，経済学が初めて体系化されることとなった。その後，欧米諸国へと工業化が波及し，企業の規模が拡大するに従って，巨額で長期的な資金の調達および複雑で専門的な経営能

力の必要性が高まってきた。すなわち，創業者一族だけでは調達できない巨額の資金量，創業者一族だけでは対応できない高度な経営能力を必要とするようになったからである。

こうしたなか，地域的に分散した多数の出資者からの巨額の出資（所有）と少数の経営者による高度な経営能力（経営）との分離，すなわち，所有と経営の分離が進行していくこととなった。

一方，こうした状況を背景に，複雑な企業の仕組みを解明する必要性から，1911年，テイラーの『科学的管理法の原理』によって，経営管理論（後の経営学）が初めて体系化されることとなった[1]。

それまでの経営管理は，使用者（監督者）による内部請負制方式の下での目分量方式の場当たり的・成り行き的・非効率的な管理であり，生産量，作業量，賃金などに対する共通の尺度，客観的な基準もなかったため，生産効率も非常に悪かった。また，使用者と労働者との関係も相互不信であったため，使用者は，労働者による組織的怠業に悩まされる一方，労働者は，使用者による重労働の恐怖に悩まされていた。すなわち，それは，労働者が，ラインスピードを支配しており，使用者が，産出量に対する賃金率（出来高賃金率）を支配していたことが大きな原因と考えられる[2]。

2 テイラー：経験から科学へ

こうしたなか，「科学的管理法の父」と呼ばれるテイラー〔1911〕が，公正なラインスピードと公正な賃金を実現すべく客観的な管理手法を備えた科学的方法（共通の尺度，客観的な基準）を導入することによって，効率的な（工場）管理の重要性を説くこととなったのである。

科学的管理法の内容は，以下の通りである。

① 課業管理（課業設定，標準的条件，達成賃金率，未達成賃金率，熟練移転）
② 作業研究（標準時間の決定－時間研究，効率的作業方法の追求－動作研究）
③ 指図票制度（課業設定を具体的に明記した指図票）
④ 賃金制度の改革（率を異にした出来高払い）

⑤ 組織の改革（現場機能と計画機能を分離した職能別職長制度)3)

このうち、⑤組織の改革は、これまでの軍隊的組織（軍隊的職長制度）から、機能的組織（職能別職長制度）へと職長制度を改革するものであり、「計画を実行に移す職能別職長（管理者）」として、①準備係、②速度係、③検査係および④修繕係からなる現場機能を配置し、「計画室を代表する機能的職長」として、①仕事の順序・手順係、②指図票係、③時間・原価係および④工場訓練係からなる計画機能を配置し、職長の役割を分担することによって、業務負担の軽減、専門能力の向上など、管理活動の合理化を実現できるようになった4)。

こうした組織は、複数の職能部門から構成される職能別組織（職能部門組織）の基礎となるものであった。

図表5-1 テイラーの功績とフォードの功績

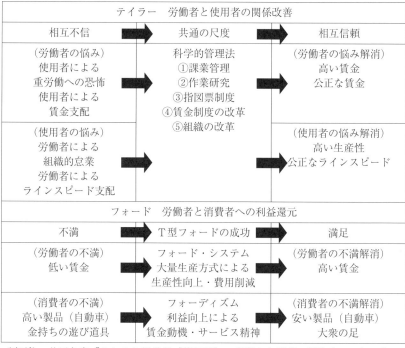

（出所）井原久光『テキスト経営学［第3版］－基礎から最新の理論まで－』ミネルヴァ書房、2008年、84、97ページを基に筆者作成。

一方，テイラーのマネジメントは，工場管理に限定，企業の内部環境に限定，合理的な人間像（経済人仮説）の前提による失業の発生，人間の心理的側面の無視といった問題点も残る。テイラーの科学的管理法は，フォードのフォード・システム（大量生産方式）やフォーディズム（労働者への賃金動機・消費者へのサービス精神）に影響を与える一方，「近代管理論の真の父」と呼ばれる『産業ならびに一般の管理』の著者ファヨール〔1917〕とともに，古典的経営理論，古典的経営管理論，古典的経営組織論として，経営学の系譜を構築することとなった（図表 5 - 1)5)。

3　ファヨール：管理原則から管理活動へ

ファヨールは，組織全体の総合管理を前提とし，マネジメントの一般性を説くこととなった。ファヨールによると，職能（企業活動）は，以下の6つの活動から構成される。

〈業務活動〉
① 技術的活動【生産・製造・加工】(生産・製造部門に相当)
② 商業的活動【購買・販売・交換】(購買・販売部門に相当)
③ 財務的活動【資金調達・運用】(経理部門に相当)
④ 保全的活動【財産保護・従業員保護】(総務・人事部門に相当)
⑤ 会計的活動【財産目録・貸借対照表・原価計算・統計等】(経理部門に相当)

〈管理活動〉
⑥ 管理的活動【予測（計画化）・組織化・命令（指揮）・調整・統制（統合）】
　　(全般的経営部門－意思決定担当の経営機能と業務執行担当の管理機能－に相当)

すなわち，ファヨールは，業務活動への傾注をあらため，管理活動の重要性を説くこととなったのである（管理の一般理論の確立）。また，これらの企業活動が十分に機能するためには，以下の14の管理原則が必要となる。

① 分業（業務分担による作業の専門化・効率化）
② 権限と責任（命令する権限に伴う責任）
③ 規律（労使協約に伴う規律の尊重）

④ 命令の一元化（1人の上司に限定した命令－個人）
⑤ 指揮の一元化（1つの組織と1人のトップに限定した計画－組織）
⑥ 全体利益の優先（組織の利益の優先）
⑦ 従業員への報酬（労働に応じた公正な対価）
⑧ 集権化（環境に応じた適度な集権化と分権化）
⑨ 階層組織（命令指揮系統の確保と迅速な情報伝達を確保するための階層連鎖）
⑩ 秩序（適所適材に応じた物的秩序と社会的秩序の確保）
⑪ 公正（従業員への配慮を加えた公平によって実現する公正）
⑫ 組織メンバー（従業員）の安定（適切な異動時期と地位の安定）
⑬ 自発的努力（創意工夫と熱意によるイニシアティブの実現）
⑭ 従業員の結束（命令の一元化の遵守と団結の強化）

これらの14の管理原則うち，職能別組織（職能部門組織）にとって重要な管理原則は，以下の5つの原則である。

① 分業
④ 命令の一元化
⑤ 指揮の一元化
⑧ 集権化
⑨ 階層組織

また，これらの14の管理原則が，効率的に実行されるためには，前述の6つの企業活動のうち，⑥管理的活動が最も重要となる。⑥管理的活動は，ヒトや組織を対象とするため，他の業務活動（①技術的活動・②商業的活動・③財務的活動・④保全的活動・⑤会計的活動）とは区別され，職位が上位になればなるほど，また，企業が大規模になればなるほど，重要な活動となる（図表5－2）。

図表5-2　6つの企業活動における管理活動の重視

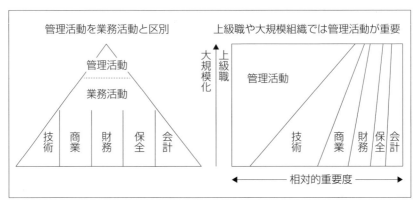

（出所）　井原久光『同上書』109ページ。

4　ファヨール：管理過程論からマネジメント・サイクルへ

⑥管理的活動の内容である5機能については，以下の通りである。

① 　予測（計画化）（Forecasting）（Planning）（将来に向けた活動計画の作成）
② 　組織化（Organizing）（組織における物的・社会的な二重組織の構成）
③ 　命令（指揮）（Commanding）（Directing）（従業員の機能化）
④ 　調整（Coordinating）（すべての活動・努力の結合・統一・調和）
⑤ 　統制（統合）（Controlling）（規則・指令による進行の監視）6)

ファヨールの管理活動の5機能ついては，管理過程論として，デイビス（Davis, R. A.）〔1934〕（3機能），アーウィック（Urwick, L. F.）〔1943〕（10機能），ニューマン（Newman, W. H.）〔1951〕（5機能），クーンツ＝オドンネル（Koontz, H.＝O'Donnell, C.）〔1955〕（5機能），テリー（Terry, G.）〔1958〕（4機能），デイル（Dale, E.）〔1969〕（7機能）をはじめとする後継者の管理過程学派（Management Process School）によって継承され，ギューリック（Gulick, L.）〔1937〕（7機能）をはじめとする普遍学派（Universal School）によって精緻化されることとなった。たとえば，ギューリックの管理機能は，計画化（Planning），組織化（Organizing），人員配置（Staffing），指揮（Directing），調整（Coordinating），

報告（Reporting），予算編成（Budgeting）の7機能（POSDCORB-ポスドコルブ）から構成されるが，上記の後継者にほぼ共通する基本的な管理機能は，計画化，組織化，統制の3機能であり，統制は次期の計画化につながるマネジメント・サイクルを形成している。

これらの管理機能は，シューハート（Shewhart, W. A.）やデミング（Deming, W. E.）等によって，計画（Plan），実行（Do），評価・検証（Check），改善・行動（Act／Action）から構成されるPDCAサイクルとして確立し，近年では，QCサークル（日本）やQCチームによって，世界中の企業において実践されている（図表5－3）。

図表5－3　ファヨールの管理過程論と現代のマネジメント・サイクル

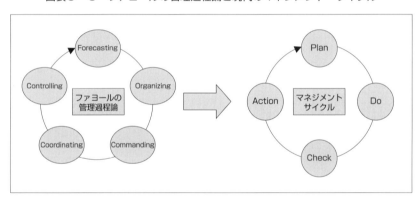

（出所）　井原久光『同上書』111ページを基に筆者作成。

一方，ファヨールのマネジメントも，テイラーと同様，企業の内部環境に限定され，企業の外部環境の問題に触れられることはなかった。

第2節　新古典的経営管理

ここで，共通の企業目的を達成するために生産効率を重視して意識的に形成される「公式組織」，また，生産性を向上させるために賃金や休憩時間といった物理的な作業条件を重視する「合理的な人間像（経済人仮説・経済人モデル）」

に代わって，人間の感情的な側面を重視して自然発生的（自生的に）に形成される「非公式組織」，また，生産性を向上させるために人間関係を通じた社会的欲求を重視する「非合理的な人間像（社会人仮説・社会人モデル）」が登場することとなった。

1　メイヨー：経済人から社会人へ

　メイヨー〔1880-1949〕は，組織や集団における労働者に対する物理的な作業条件と生産効率との関係を調査する実験を行った。メイヨー等によるミュール紡績部門の調査（1923-1924），ウエスタン・エレクトリック社のペンノック（Pennock, G. A.）等によるホーソン工場での照明実験（1924-1927），メイヨーやレスリスバーガー（Roethlisberger, F. J.）を中心としたハーバード・グループによるホーソン工場でのホーソン実験（1927-1932）が代表的な実験である。ホーソン実験として代表的なものは，(1)リレー（継電器）組立試験室，(2)面接調査，(3)バンク配線作業観察室がある[7]。

　ミュール紡績部門の調査は，メイヨー等のグループによる初期の実験として，1923年から1924年に行われた。メイヨーは，紡績工場のなかでも，とくに，生産性が低く離職者の多い紡績部門の調査を行った。メイヨーは，ミュール精紡機を使用して走錘（糸ぐり）をするという単調で孤独な業務に低生産性と高離職率の原因があると考え，経営者と協議したうえで休憩時間を設けた結果，生産性が向上することとなった。

　しかしながら，使用者が休憩を廃止することによって，生産性が再び低下し始めた。メイヨーは，経営者と協議したうえで慌てて休憩時間を復活させたが，労働者の使用者に対する反発から生産性は回復しなかった。そこで，メイヨーは，休憩を徹底したうえ，休憩の順番も労働者同士の協議に任せた結果，生産性が再び向上し，離職率もほとんどなくなった。すなわち，メイヨーは，休憩時間や賃金といった物理的な作業条件ではなく，労使の信頼関係，労働者同士のコミュニケーションといった人間関係が，生産性に大きく影響することを明らかにしたのである。

照明実験は，メイヨー等のハーバード・グループではないが，ペンノック等による実験として，1924年から1927年にホーソン工場で行われた。この実験は，作業場内の照明強度と生産性との関係を調査するものであったが，結果として，休憩時間や賃金だけでなく，照明強度さえも，生産性との相関関係を示さなかったため，物理的な作業条件が生産性にほとんど影響しないことが明らかになった。そのため，人間関係論（Human Relations Theory）の先駆者であるメイヨーやレスリスバーガーを中心としたハーバード・グループによる本格的な実験が，1927年から1932年にホーソン工場で行われた。これらの実験は，ホーソン実験と呼ばれ，後の人間関係論に大きな示唆を与えることとなった。

　まず，(1)リレー（継電器）組立試験室は，1927年4月から1932年5月まで行われた。この実験は，6名の女性作業員を被験者とし，休憩時間，賃金，軽食支給，作業場内の温湿度などの物理的な作業条件と生産性との関係について実験したものである。女性作業員は，ハーバード・グループ主催の実験に選抜された誇り，2名の熟練工に選抜を任せたことによる仲間意識をもっており，被験者に対する実験目的の事前告知，好意的な対応によって，女性作業員の高い士気（モラール）が維持されることとなり，物理的な作業条件が改悪されても生産性にはほとんど影響しないことが明らかになった。

　つぎに，(2)面接調査は，1928年9月から1930年9月まで行われた。この実験は，監督者訓練講習用のデータ収集を目的として，検査部門から始まり，製造部門を含め，最終的には，8部門の2万1,126名の作業員を被験者として行われた。当初は，実験担当者による一方的・形式的な直接質問法であったが，使用者も面接官に加わり，実験担当者，使用者および作業員との相互的・非形式的な非誘導法に変更され，業務とは無関係な話題を含めた自由な雑談形式となった。時間と労力はかかったが，一見業務とは無関係な話題が業務と大きく関係しており，面接調査を通じて労使ともに相互理解が深まり，生産性に大きく影響することとなった。とくに，作業員の不満については，事実に基づかない不満が感情と大きく関連しており，生産性は，個人的経歴や職場環境と大きく関連していることが明らかになった。結果として，メイヨー等は，作業員の

感情や態度を集団や組織全体のなかで捉える必要があることを明らかにした。

最後に，(3)バンク配線作業観察室は，1931年11月から1932年5月まで行われた。この実験は，職場における複雑な人間関係や職場状況を詳細に調査することを目的として，1つの部屋に1名の記録者を配置し，バンク（差込式電話交換台）の配線作業を行う14名の男性作業員を被験者として行われた。実験の結果，意識的に形成される公式組織よりも，職場内で自然発生的（自生的）に形成される非公式組織が重要な役割を果たしていることが明らかになった。

メイヨーは，こうしたホーソン実験の結果として，人間は，テイラーの科学的管理法で想定されるような合理的な経済人ではなく，感情的な社会人であるため，勤労意欲は，休憩時間や賃金などの物理的な作業条件を重視する経済的動機よりも人間関係を通じたモラールなどの感情的な側面を重視する社会的動機が重要であり，対象組織も，公式組織よりも非公式組織が重要であることを明らかにしたのである（図表5－4）。

図表5－4　科学的管理法と人間関係論

科学的管理法
前提仮説→経済人仮説（人間は，孤立的・打算的・合理的） 勤労意欲→経済的動機による賃金など 対象組織→公式組織
人間関係論
前提仮説→社会人仮説（人間は，連帯的・献身的・感情的） 勤労意欲→社会的動機によるモラール 対象組織→非公式組織

（出所）　井原久光『同上書』127ページを基に筆者作成。

このように，ホーソン実験を契機として，経営学の人間観は経済人から社会人へと変化し，人間の感情的な側面と非公式組織を重視した人間関係論が展開されることとなった。

2 フォレット：対立・闘争から統合・協調へ

　フォレット〔1868-1933〕は，建設的対立としての「統合・協調」(Integration / Coordination) や命令の授与としての「命令の非人格化・状況の法則」(Depersonalization of the Command / Law of the Situation) といった概念を提示することによって，人間行動を科学的に解明しようとする学際的な行動科学に影響を与えることとなった[8]。すなわち，フォレットは，対立・闘争 (Conflict) を利害の不一致 (Collision of Interests)，あるいは，意見の相違 (Difference of Opinion) と捉えることによって，対立・闘争を建設的・平和的に解決できることを明らかにしたのである。一般的に，対立・闘争を解決するためには，強制力を伴う「抑圧」(Domination)，相互に犠牲を伴う「妥協」(Compromise) という方法があるが，前者は，支配と被支配関係の再生産，後者は，両者の不満と新たな対立の悪循環という一時的な解決策となってしまう。そこで，フォレットは，相互に犠牲を伴わず満足できるような創意工夫を凝らした「統合・協調」という第3の解決方法を提示することとなった。

　こうした対立・闘争の建設的・平和的な解決方法である「統合・協調」の根底には，「命令の非人格化・状況の法則」という概念がある。強制力を伴う命令の授与は，上下関係の摩擦だけでなく，誇り，意欲，満足感，責任感の減退も引き起こすことになるが，フォレットは，命令を状況が求める要請である「命令の非人格化・状況の法則」と捉えることによって，上下関係に捉われず，全員が命令を受け入れ，高いモティベーションの下で，共通の目標に向かって協調することができると考えた。また，フォレットは，集団における協調的な力が，業績（全体の利益）をもたらすことになるため，権力と責任は，トップ・マネジメントだけでなく，全階層・組織全体に及ぶものだと考えた[9]。

　このように，フォレットは，相互作用と集団原理のなかで，個人も組織も成長していくと考えたのである。

3　マズロー：低次の欲求から高次の欲求へ

マズロー〔1954〕は，欲求段階説によって，人間は，生理的欲求がある程度満たされ，社会が発展していくにつれて，欲求構造における欲求の段階（①生理的欲求，②安全の欲求，③所属と愛の欲求，④承認の欲求，⑤自己実現の欲求）のなかで，⑤自己実現の欲求が優先されていくことを明らかにした（図表5－5）[10]。

図表5－5　マズローの欲求段階説

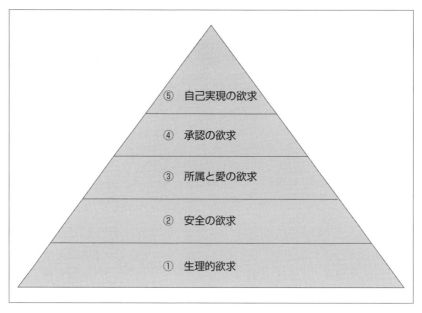

（出所）　A. H. マズロー『人間性の心理学』産業能率短期大学出版部，1971年，89－101ページより筆者作成。

まず，人間の欲求は，食欲，睡眠欲，性欲などの①生存欲求（生理的欲求）を大前提とするが，それが満たされると，それは当然のこととしてみなされる。つぎに，人間の欲求は，危険，不安などを回避し，物理的，経済的な安定を求める②安全の欲求へと移行するが，それが満たされると，それは当然のこととしてみなされる。そして，人間の欲求は，人間集団や組織への所属，地域社会との繋がり（社会的連帯・絆），友愛，恋愛，家族愛を求める③社会的欲求（所

属と愛の欲求）へと移行するが，それが満たされると，それは当然のこととしてみなされる。さらに，人間の欲求は，集団や組織のなかで，尊敬され，認められたいという④自我の欲求（承認の欲求）へと移行するが，それが満たされ，自信がつくと，他人からの評判，評価は気にならなくなる。最後に，人間の欲求は，俗事を超越し，コンプレックスや表面的なプライドから解放され，自分らしく生きたいという人生を達観するがごとく⑤自己実現の欲求へと移行するが，低次の欲求へと逆行することはない。

このように，マズローによると，欲求は，低次の段階から高次の段階へと不可逆的に移行していくことになるが，⑤自己実現の欲求の段階では，欠乏動機は満たされ，無限の成長動機となるため，限界はない。

アルダーファー〔1972〕は，ERG理論を提示することによって，マズローの欲求段階説をより現実的に修正することとなった。

ERG理論によると，欲求構造における欲求の段階は，①生存の欲求（Existence），②関係の欲求（Relationship），③成長の欲求（Growth）の３段階に分類され，欲求は，低次の段階から高次の段階へと不可逆的に移行するだけでなく，逆行したり，複数の欲求が同時に発生したりすることもあり得る[11]。

4　アージリス：未成熟から成熟へ

アージリス〔1957〕は，個人（従業員）の欲求と組織の目的との不適合によって生じる個人と組織の葛藤を心理学的に説明するとともに，個人（従業員）の成長に合わせて，組織も変わらなければならないことを明らかにした[12]。

アージリスによると，人間のパーソナリティは，成長に合わせて，以下のように，未成熟な状況から成熟した状況へと発展する。

① 受動から能動
② 依存から独立
③ 単純行動から複雑行動
④ 弱く浅い興味から強く深い興味
⑤ 短期的な展望から長期的な展望

⑥　家庭や社会における従属的な立場から同等・上位の立場
⑦　自己意識・自己統制の欠乏から自己意識・自己統制の充足

　一方，アージリスによると，公式組織は，合理的・効率的な組織であるため，以下のように，4つの基本的原理に基づいて，人間のパーソナリティを制約することになる。

①　課業の分化（割り当てられ制限された業務と技能の専門化）
②　命令の連鎖（部分間の指令・統制・調整から構成される組織）
③　指令の統一（各職域の指導者によって立案・指令・統制された同質的な活動）
④　管理の限界（管理する部下の人数の限定）

　そのため，成熟した人間のパーソナリティは，単純かつ受動的な公式組織の基本的原理との不適合・葛藤を引き起こすことになる。そこで，個人（従業員）は，こうした不適合に順応し，葛藤から解放されようと，以下のように，4つの方法のいずれか，または，組み合わせによって，行動するようになる。

①　組織を去ること
②　組織の階段を上ること
③　防衛機構の利用
④　個人の無感動と無関与

　このように，個人（従業員）は，①退職したり，②無理に忠誠を尽くして出世を目指したり，③割り切って開き直って，自分を正当化したり，④機械の歯車の1つとして，無気力に命令された業務を淡々とこなすだけとなったりして，退行的な順応行動をとってしまうのである。

　こうしたなか，アージリスは，こうした不適合を回避するために，個人（従業員）に割り当てられる課業を増やす①職務拡大によって，能力発揮の機会を増やし，重要な意思決定に従業員を参加させる②（可能な限り参加的・従業員中心の）現実的リーダーシップによって，個人の職務満足・自己実現を増やす必要性を説くこととなった[13]。

5 マグレガー：X理論からY理論へ

　マグレガー〔1960〕は，マズローの研究成果の影響を受け，人間は，テイラーの想定する強制や金銭的動機づけを必要とする人間観（X理論）から，適切な動機づけによって（条件次第で），自発的に仕事をする人間観（Y理論）になることを明らかにした[14]。

　マグレガーによると，テイラーをはじめとする古典的経営管理論の想定する命令統制に基づく受動的な人間観（X理論）において，人間は，以下のような特性を有する。

① 一般的に，人間は，生まれながらに仕事が嫌いで，できることなら仕事をしたくないという特性を有する。

② そのため，一般的に，人間は，金銭的動機づけの効果にも限界があり，強制・統制・命令・処分のない限り，十分に仕事をしないという特性を有する。

③ 一般的に，人間は，強制や金銭的動機づけを必要とする一方，野心や責任を回避（安全を選択）するという特性を有する。

　こうした受動的な人間観（X理論）に対して，マグレガーは，適切な動機づけによって（条件次第で），人間は，能動的な人間観（Y理論）へと進化することを明らかにした。すなわち，マグレガーによる新古典的経営管理論の想定する個人（従業員）の目標と組織の目標との統合に基づく人間観（Y理論）において，人間は，以下のような特性を有する。

① 一般的に，人間は，生まれながらに仕事が嫌いなわけではなく，適切な動機づけによって（条件次第で），仕事が好きになるという特性を有する。

② そのため，一般的に，人間は，強制・統制・命令・処分がなくても，自発的に仕事をするという特性を有する。

③ 一般的に，人間は，高い報酬によって（報酬次第で），目標達成に向けて努力する（高い報酬は努力に起因する）という特性を有する。

④ 一般的に，人間は，強制・統制・命令・処分がなくても，自発的に責任を引き受けようとする特性を有する。

⑤　一般的に，人間は，高度な想像力に基づいて，創意工夫を凝らそうとする特性を有する。

⑥　一般的に，人間は，組織の一員であり，組織に対して，自身の知的能力は部分的にしか活かすことができないという特性を有する。

マグレガーは，こうした能動的な人間観（Y理論），すなわち，個人（従業員）の目標と組織の目標との統合を目指した目標による経営管理の必要性を説くこととなった[15]。

6　リッカート：経営管理からリーダーシップへ

リッカート〔1961〕は，1947年以降，ミシガン大学社会科学研究所で，15年以上の年月をかけて行われたミシガン研究のなかで，ホーソン実験と同様の実験を行うこととなった。この研究は，多種多様な産業における企業を中心に，行政機関や病院などを対象として，労働条件と生産性との関係を比較したものであり，ホーソン実験と同様の結論を導き出した。

一方，この研究は，産業における人間的要因という問題提起だけではなく，ホーソン実験よりも，組織的，統計的，量的な測定によって，一般的な命題を導くものであった。リッカートは，高い生産性を達成する部門には，従業員（集団）中心的な監督者が多く，低い生産性しか達成できない部門には，仕事（業務）中心的な監督者が多く，従業員との関係を重視した経営管理こそが，従業員のやる気（動機づけ）を高め，生産性を向上させることを計量的にも明らかにしたのである[16]。

リッカートは，こうした組織を連結ピンの機能によって説明している。リッカートによると，上段にある1つの大三角形は，上位階層における集団型組織，中段にある3つの中三角形は，中位階層における集団型組織，そして，下段にある9つの小三角形は，下位階層における集団型組織を示している。また，上段，中段および下段の三角形がそれぞれ重なり合っている白丸は，下位階層からの起案や上位階層からの意思決定などの情報を伝達する連結ピンとしての役割を果たす成員を示している。そして，矢印の向きは，連結ピンの機能を示し

ている（図表5－6）。

図表5－6　リッカートの連結ピン

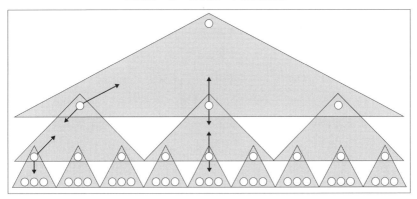

（出所）　R. リッカート『経営の行動科学』ダイヤモンド社，1964年，152ページ。

　リッカートの経営管理理論は，従業員（集団）中心的な監督者による指導過程（Leadership Processes）における指導能力が従業員のやる気（動機づけ）を向上させることを計量的に実証するだけでなく，その後のリーダーシップ論にも大きな影響を与えることとなった[17]。

7　ハーズバーグ：理論から実証へ

　ハーズバーグ〔1966〕は，マズローやマグレガーの人間観を継承する一方，さまざまな職種の労働者に対する実証的な研究を行うと同時に，他の研究者の調査結果に対する比較研究を行うことによって，マズローやマグレガーの人間観を発展させた。

　ハーズバーグは，『旧約聖書』におけるアダム（Adam）とイヴ（エヴァ）（Eve），アブラハム（Abraham）とモーゼ（Moses）から，人間性に関する2つの解釈を導き出した。すなわち，アダムとイヴ（エヴァ）は，神が創造した人間像であり，アブラハムとモーゼは，神によって選ばれた人間像である。知識を持たずに創造された精神薄弱のアダムとイヴ（エヴァ）は，神に禁じられた善悪の知識の木の実（禁断の果実）を食し，知識を得ることによって，自分が裸である

ことを知り，神によってエデンの園から追放されることとなった。

一方，高度な潜在能力および成長を追求する動機づけを備えたアブラハムとモーゼは，神との約束を守り，信仰することによって，神によって地上の使者に選ばれ，契約を結ぶこととなった[18]。

ハーズバーグは，動機づけの衛生理論として，アダムの人間観とアブラハムの人間観から，職務の満足要因と職務の不満足要因とを比較することによって，マズローやマグレガーの人間観に関する理論を発展させた。すなわち，ハーズバーグは，人間の基本的欲求を①課業の達成から生じる自己実現・成長の追求に関連したアブラハム性（人間）と②環境から生じる痛みの回避に関連したアダム性（動物）とに分類し，①職務の満足をもたらす要因を動機づけ要因，②職務の不満足を防止する要因を衛生要因と定義づけたのである。

ハーズバーグによると，①職務の満足をもたらす諸要因としては，達成，承認，仕事そのもの，責任および昇進が挙げられるが，これらは，職務の不満足にはほとんど影響を及ぼすことがない。

一方，②職務の不満足をもたらす諸要因としては，会社の政策，経営，監督，対人関係，作業条件および給与が挙げられるが，これらは，職務の満足にはほとんど影響を及ぼすことがない[19]。

これらの人間観に関する理論に対して，ハーズバーグは，①ピッツバーグ技師，ピッツバーグ会計士，フィンランド監督者，②高水準の専門職業婦人，③地区農業指導員，④引退直前の管理職者，⑤科学者，技師，工場監督者，男子時間給工，女子組立工，⑥病院看護師，技能病院従業員，非技能病院従業員，⑦公益事業監督者，⑧付添婦，⑨ハンガリー技師など，さまざまな職種の労働者に対する実証的な調査を行った。さらに，ハーズバーグは，これらの労働者に対する実証的な調査を行った①ハーズバーグ他（Herzberg, F., Mausner, B. and Snyderman, B. B.）〔1959〕，ハーズバーグ〔1965〕，②ウォルト（Walt, D.）〔1962〕，③クレッグ（Clegg, D.）〔1963〕，④サレー（Saleh, S.）〔1963, 1964〕，⑤マイアーズ（Myers, S.）〔1964〕，⑥アンダーソン（Anderson, F.）〔1961〕，⑦シュワルツ他（Schwartz, M., Jenusaitis, E. and Stark, H.）〔1963〕，⑧ゲンデ

ル（Gendel, H.）〔1965〕，⑨ペルツェル（Perczel, J.）〔年代不詳〕など，さまざまな研究者の調査結果に対する比較研究を行った。

こうして，ハーズバーグは，実証的にも，これまでの人間観を発展させることとなった[20]。

第3節　経営管理の今日的課題

1　管理：PDCAサイクルからOODAループへ

経営理論，経営組織論および経営管理論ともに，バーナード革命を転機として，近代理論へと進化することとなったが，バーナード以降の近代理論については，他の章で取り上げられるため，ここでは，古典的経営管理論，新古典的経営管理論に限定しつつも，経営管理の今日的課題を指摘する。

ファヨールに端を発する管理過程論は，近年，PDCAサイクルとして注目されているが，PDCAサイクルを要として，近年の経営戦略の今日的課題へと繋げていくことが可能となる。たとえば，緩やかに変化する（静学的な）環境の下では，従来のPDCAサイクルは有効な戦略となるかもしれない。

一方，近年の急速に変化する（動学的な）環境の下では，予期せぬ事態が発生したにもかかわらず，事業機会・脅威を十分感知できずに立案された計画（Plan）のまま，厳しい管理の下，実行（Do），評価・検証（Check），改善・行動（Act / Action）が忠実に繰り返されるということになれば，その戦略は，誤った計画に基づいたPDCAサイクルの悪循環になってしまうかもしれない。すなわち，厳しい管理の下，不可能な計画・誤った計画を忠実に実行するということになれば，事態がますます悪化してしまうからである。

ボイド（Boyd, J. R.）〔1987〕は，急速に変化する環境の下では，改善・行動（Act / Action）に移す前に，十分な観察・監視（Observe），状況判断・認識（Orient）を行ったうえで，意思決定・決定（Decide）を行うというサイクルとして，OODAループを提唱している。すなわち，将来を予測できない不確実な経営環境の下では，自社の計画に固執した管理に基づいて，慣習的・日常的

な行動パターンの繰り返しとしてのルーティンに従って行動するのではなく，競合企業や経営環境を十分に観察し，状況判断による方向づけを行ったうえで，意思決定を行い，実行に移す柔軟な管理が必要となるからである[21]。また，ブレマー（Brehmer, B.）〔2013〕は，ボイドによるOODAループとサイバネティック・アプローチに由来する指揮統制（Command and Control＝C2）の総称モデルとして，動学的なOODAループ（DOODAループ）という概念を提唱している[22]。さらに，田中〔2016〕は，従来のPDCAサイクルを活かしつつも，OODAループとの両立を考え，D-OODAループという概念を提唱している。すなわち，D-OODAループとは，トップダウン形式の集権的な計画立案ではなく，部下との対話による計画立案（Design）に基づいて，OODAループを臨機応変に実行していく機動戦経営のことである[23]。

2 組織：内部環境から外部環境へ

一方，経営管理の側面だけでなく，経営戦略の側面においても，急速に変化する環境の下では，ミンツバーグ等（Mintzberg, H., Ahlstrand, B. and Lampel, J. B.）〔1998, 2009〕が指摘するように，当初の計画に基づいた計画戦略が，環境の変化に伴って，実現不可能となった場合，計画戦略が組織内で修正・変更された創発戦略が必要となる[24]。

1960年代以降，組織（企業の内部環境）と企業の外部環境との関係を重視する理論が登場したが，その先駆者としてのチャンドラー（Chandler, A. D. Jr.）〔1962〕は，1920年代から発展してきた米国の企業についての研究を基に，「組織は戦略に従う」という命題を提唱した。すなわち，チャンドラーは，企業の外部環境の変化による戦略の変化に適合するように，戦略を実行する組織も変化していかなければならないことを指摘したのである。また，チャンドラーは，経済が発展し，企業の事業活動が，単一事業活動から複数事業活動（多角化事業活動）へと発展するにつれて，集権的組織としての職能別組織（職能部門組織）から分権的組織としての事業部制組織へと移行していく現象を歴史的事例から明らかにした。

一方，アンゾフ（Ansoff, H. I.）〔1979〕は，その逆で，「戦略は組織に従う」という命題を提唱したが，現在では，「組織は戦略に従い，同時に，戦略は組織に従う」という考え方が主流となっている[25]。また，チャンドラーの研究成果の影響を受けたローレンス＝ローシュ（Lawrence, P. R. and Lorsch, J. W.）〔1967〕をはじめとする研究者等によって，条件適合理論（コンティンジェンシー理論）が提示されることとなり，企業の外部環境の変化によって，戦略が変化し，戦略を実行する組織も変化していくことが明らかにされた。

一方，条件適合理論によると，企業の外部環境の変化に適合するように，戦略も組織も変化・機能し，戦略が計画通りに実現されるため，組織が企業の外部環境に影響を及ぼす可能性は無視されてしまう[26]。すなわち，ミンツバーグ等によると，条件適合理論が主張するように，企業の外部環境の変化に適合するように，戦略も組織も変化・機能し，戦略が計画通りに実現するのではなく（組織内の経営者によって策定されるとは限らず），企業の外部環境の変化によって，組織が戦略を変更・実行する場合もあるのである。

ミンツバーグ等によると，現実に組織がとる戦略は，組織内の経営者によって策定された戦略（計画戦略）と組織内の経営者以外の人間や組織外の市場などの企業の外部環境によって創造・変更された戦略（創発戦略）とのバランスによるものである。すなわち，緩やかに変化する外部環境の下では，経営の現状維持が重視されるため，計画戦略に即した方策がとられるが，競争が激しく，急速に変化する外部環境の下では，新たな競争優位の構築に向けて，新たなアイデアによる戦略策定が重視されるため，創発戦略に即した方策がとられることになる。

このように，戦略の策定については，計画戦略だけでなく，創発戦略（戦略と組織についてのマネジメントを融合した研究＝戦略経営）も重要となるため，組織が，企業の外部環境によって影響を受ける（外部環境 → ビジョン → 戦略 → 経営計画 → 組織）だけではなく，イノベーションなど，企業の外部環境に対しても影響を及ぼす可能性を重視する必要がある。すなわち，組織と戦略との関係だけでなく，組織と企業の外部環境との関係も重要となるのである[27]。

3　戦略：競争戦略からダイナミック・ケイパビリティ戦略（ＤＣ戦略）へ

　競争戦略の側面においても，近年の急速に変化する環境の下では，低コスト（低価格）と差別化（高品質）との選択や集中，活動間の適合性をベースに異なる戦略を立てるポーター（Porter, M. E.）〔1980〕のSCP戦略も，企業内部の経営資源（人的資源・物的資源・財務資源・情報資源）をベースに異なる戦略を立てるワーナーフェルト（Wernerfelt, B.）〔1984〕やバーニー（Barney, J. B.）〔1986〕のRBV戦略も，持続的な競争優位の説明には対応できなくなってきている。すなわち，急速に変化する環境の下では，事業機会・脅威の感知（Sensing），感知した事業機会・脅威を捉える捕捉（Seizing），そして，組織，組織内外の資源，ケイパビリティ（企業内部の経営資源を組み合わせたり，活用したりすることを可能にする能力）を体系的に変革・再配置する変革的な再配置（Transforming Reconfiguring）を実行しなければ，企業は，持続的な競争優位を維持することができなくなるためである[28]。たとえば，ティース（Teece, D. J.）〔2009〕は，ケイパビリティの側面や少数個人（経営者）の裁量を重視し，経営者が財務上の不正行為に対処（エージェンシー問題を監視）するだけでなく，戦略上の不正行為に対処（変化の感知・機会の捕捉・資源や組織の変革的な再配置の側面で十分なケイパビリティを発揮）するようなDC戦略を提唱している。また，ティースは，組織が，資源を再配置し組織を大胆に変革するプロセスを担う少数個人（経営者）の裁量を保証するようなコーポレート・ガバナンスも示唆している。すなわち，（過半数以上社外からなる利害の独立した）社外監査役によるエージェンシー問題の監視，（企業内部に熟知した）社内取締役による戦略上の不正行為の制御によって，財務上のチェック機能だけでなく，戦略上のチェック機能も果たすことができるためである[29]。

　このように，近年の急速に変化する環境の下では，管理も戦略も，大きな変革を迫られることになるのである（図表5－7）。

　本節では，古典的経営管理論，新古典的経営管理論に限定しつつも，経営管理の今日的課題を指摘することとなったが，管理の側面においては，PDCAサ

イクルとOODAループ，戦略の側面においては，SCP戦略，RBV戦略とDC戦略に限定されるものではない。また，管理の側面においても，戦略の側面においても，環境変化の速度（静学的・動学的）や市場競争の型（完全競争モデル・完全独占モデル・独占的競争モデル・不確実な競争モデル《イノベーションモデル》）の異なる市場，業界，企業，製品・サービス，さらには，制度や体質の異なる企業によっても，PDCAサイクルとOODAループとの選択・組み合わせ，あるいは，SCP戦略，RBV戦略とDC戦略との選択・組み合わせは異なるものと考えられる。

図表5－7　環境の変化によって異なる管理と戦略

	緩やかに変化する（静学的な）環境 ▶	急速に変化する（動学的な）環境
管理	PDCAサイクル ▶	OODAループ
戦略	SCP戦略・RBV戦略 ▶	DC戦略

（出所）　筆者作成。

〔注〕
1)　F. W. テイラー『科学的管理法の原理』『科学的管理法』所収，産業能率短期大学出版部，1969年，203－312ページ。
　　井原〔2008〕によると，経営理論は，古典理論，新古典理論，近代理論に分類され，経営組織論は，古典的組織論，新古典的組織論，近代組織論に分類されている。
　　井原久光『テキスト経営学［第3版］－基礎から最新の理論まで－』ミネルヴァ書房，2008，154ページ。
　　ここでは，古典理論，新古典理論および近代理論からなる経営理論について，経営管理論，経営組織論および経営戦略論に大きく大別したうえで，経営管理論および経営組織論については，それぞれ，古典的，新古典的および近代といった形容動詞を付すこととした。
2)　井原久光『同上書』82－83ページ。時間に対する賃金率は，時間賃金率という。
3)　井原久光『同上書』82－90ページ。
4)　F. W. テイラー『工場管理法』『科学的管理法』所収，産業能率短期大学出版部，1969年，118－121ページ。
5)　佐々木〔1972〕（下記『産業ならびに一般の管理』の訳者である佐々木恒夫）によると，テイラーは，下級管理者と労働者の能力の問題に着目し，管理の重要性を説く一方，作業研究への偏重（管理の科学化よりも作業の科学化への偏重），管理の問題領域の限定（管理対象が生産現場に限定）という課題を残すこととなった。また，

ファヨールは，上級管理者による企業の価値と能力に着目し，管理の一般理論を説く一方，管理活動の普遍性への偏重（管理問題の研究よりも管理の一般的研究への偏重），企業の概念の曖昧さ（企業目的が利潤最大化に限定）という課題を残すこととなった。一方，管理の科学化を目指し，人間の問題を強調した点は，テイラーとファヨールに共通した問題意識といえる。
　　H. ファヨール『産業ならびに一般の管理』ダイヤモンド社，1985年，222－223ページ。
　職能別組織とは，購買，製造，販売などの機能別に構成された単一事業の単純な組織形態である。
　フォードは，大衆向けの安くて丈夫な自動車を開発しようと，A型，B型，・・・と試作に励み，最終的には，大衆的で実用的なT型フォードを開発した。また，フォードは，フォード・システムと呼ばれる大量生産方式によって，自動車の生産量を大幅に増大させる一方，自動車1台当たりの生産費を大幅に削減させることに成功した。結果として，売上と費用の差額である利益を大幅に増大させることによって，労働者には，がんばった分だけ高い賃金を支払うこと（賃金動機）に成功する一方，消費者には，良い自動車をより安く提供すること（サービス精神）に成功した（フォーディズム）。すなわち，フォードは，フォード・システムによって，フォーディズムを実現することとなったのである。

6）　井原久光『前掲書』107－111ページ。
　　　H. ファヨール『前掲書』17－22，41－76，77－97，97－166，166－176，176－183，183－187ページ。
7）　メイヨー等による調査，実験の解説，解説順については，井原〔2008〕に基づいている。
　　井原久光『前掲書』119－126ページ。
8）　井原久光『同上書』129－131ページ。
9）　M. P. フォレット『組織行動の原理』未来社，1972年，43－51，83－91，155－160ページ。
10）　A. H. マズロー『人間性の心理学』産業能率短期大学出版部，1971年，89－101ページ。
　　井原久光『前掲書』137－141ページ。
11）　C. P. Alderfer, "Existence, Relatedness, and Growth", 1972.
　　井原久光『前掲書』141ページ。
12）　井原久光『同上書』133－137ページ。
13）　C. アージリス『新訳　組織とパーソナリティーシステムと個人との葛藤』日本能率協会，1970年，88－89，94，100－107，109－110，123－146，265－285，302－307ページ。
14）　井原久光『前掲書』141－146ページ。
15）　D. マグレガー『企業の人間的側面（新版）』産業能率短期大学出版部，1970年，38－66ページ。

第 5 章　経 営 管 理

16) R. リッカート『経営の行動科学』ダイヤモンド社，1964年，ⅲ，12 - 15，151 - 155，319 - 323ページ。
17) 井原〔2008〕によると，リッカートが，職場集団のモラール（morale）をモティベーション（motivation）の方向で捉えることによって，リーダーシップ論へ結びつけたことには大きな意義がある。
　　井原久光『前掲書』131 - 133ページ。
18) F. ハーズバーグ『仕事と人間性』東洋経済新報社，1968年，16 - 21ページ。
19) F. ハーズバーグ『同上書』89 - 90ページ。
20) F. ハーズバーグ『同上書』86，119，121，123，125，127，128，129，130，131，133，134，135，136，138，140，147 - 188ページ。
　　⑨ペルツェルによる調査結果の〔年代〕については，ガンツ　マーバグ（現　ガンツ　ホールディングス）機関車工場における未出版の「原稿」によるため，⑨ペルツェル〔年代不詳〕と表記した。
21) J. R. Boyd, "A Discourse on Winning and Losing", Maxwell Air Force Base, 1987.
22) B. Brehmer, "The Dynamic OODA Loop：Amalgamating Boyd's OODA Loop and Cybernetic Approach to Command and Control", Research Gate, 2013.
23) 田中靖浩『米軍式　人を動かすマネジメント』日本経済新聞出版社，2016年，210 - 229ページ。
24) 十川廣國『経営学イノベーション1 経営学入門』中央経済社，2006年，34 - 35ページ。
　　H. ミンツバーグ，B. アルストランドおよびJ. ランペル『戦略サファリ-戦略マネジメント・コンプリートガイドブック』東洋経済新報社，2013年，448 - 451ページ。
25) 詳細は，A. D. Jr. チャンドラー『組織は戦略に従う』ダイヤモンド社，2004年，H. I. アンゾフ『戦略経営論』中央経済社，2007年を参考にされたい。
26) P. R. ローレンスおよび J. W. ローシュ『組織の条件適応理論-コンティンジェンシー・セオリー』産業能率短期大学出版部，1977年。
27) H. ミンツバーグ，B. アルストランドおよびJ. ランペル『前掲書』448 - 451ページ。
28) 適合性（Strategic Fit）とは，各活動・能力・資源が緊密に連携し合う組織（システム）であり，適合性が，各活動を相互に補完させ，最強度に連結した強力なバリュー・チェーン（Value Chain）を生み出し，模倣者への参入障壁となる。
　　ベイン（Bain, J. S.）〔1968〕やポーターのSCP（Structure-Conduct-Performance）モデルに基づくSCP戦略とは，5つの競争要因によって外部環境を分析し，3つの基本戦略によって，自社を位置づけるポジショニング・アプローチであり，外部環境が企業の戦略的行動を決定することになるが，同じ外部環境でも，企業の業績が異なり，戦略も異なることを説明できない。
　　一方，ワーナーフェルトやバーニーの資源ベース（Resource-Based View = RBV）理論に基づくRBV戦略とは，内部資源をベースに戦略を立て，競争優位の源泉を業界の特徴ではなく，経営資源を供給するケイパビリティにあると考える資源

ベース・アプローチであり，同じ外部環境でも，経営資源の利用方法の違いによって，企業の業績が異なるため，戦略も異なることを説明できる。

しかしながら，いずれのアプローチにおいても，持続的な競争優位の説明には至っていない。

　日隈信夫「持続的な競争優位に向けた動学的な競争戦略－競争戦略論にみるダイナミック・ケイパビリティ－」『証券経済学会年報第51号別冊』証券経済学会，2017年，1－14－9～1－14－10，1－14－5，1－14－8ページ。

　M. E. ポーター「戦略の本質」『DIAMONDハーバード・ビジネス・レビュー2011年6月号』ダイヤモンド社，2011年，62，81ページ。

　J. B. バーニー『企業戦略論－競争優位の構築と持続－』ダイヤモンド社，2003年，115－119ページ。

　D. J. Teece, "Explicating Dynamic Capabilities : The Nature and Microfoundations of (Sustainable) Enterprise Performance", Strategic Management Journal, Vol. 28, 2007 pp. 1319－1341.

29)　日隈信夫「前掲論文」，1－14－6ページ。

　土屋〔2006〕は，社内取締役による監督に対しては，社外監査役による監督が補完することによって，二重の監督体制を整備することができると指摘している。

　土屋勉男『日本ものづくり優良企業の実力－新しいコーポレート・ガバナンスの論理－』東洋経済新報社，2006年，195－219ページ。

　D. J. Teece, op. cit., pp. 1319－1341.

　D. J. ティース『ダイナミック・ケイパビリティ戦略－イノベーションを創発し，成長を加速させる力－』ダイヤモンド社，2013年，46－50ページ。

第6章　経営組織

はじめに

　ある目的や目標のために行動するとき，それが単独行動であればチームを組んで行動しているとはいわない。2人以上で協力しあう関係をチームを組んでいると表現する。このチームこそが組織であり，2人以上の人がかかわり合うことによってこの組織という実体は複雑性を帯びる。

　チームの編成では，だれがどのような役割を分担するか，だれが仕事のどのパートを受け持つかが重要になる。その成否はひとえにチームの存続に直結する課題である。

　本章では，ビジネスの領域で，チーム編成である「組織」がどのように概念化され，またどのような方向性を持って構築されていったのか，さらには将来どのように変貌していくだろうかについて概説する。

　20世紀を通して進展した高度産業社会。企業が作り出したさまざまな組織構造は，目まぐるしく変化する環境で生き残ろうとする企業のドラマティックな試みでもあった。

第1節　バーナードと公式組織

1　組織の概念

(1)　組織は目に見えるか

　組織は目に見えるものだろうか。

　「組織」がイメージされる場合，多くは組織図が連想されるかもしれない。トップ・マネジメント（top management）が上部にあり，そこから，製造部，営業部，総務部などに線が引かれている図である。こうした図は，組織の業務

分担などを理解するうえでは参考になるが，組織そのものなのかといえば，違うのである。

　組織には，なぜその組織があるのかという存在意義と，どのような組織なのかという理念があり，それらは組織の「目的」である。また，具体的に組織が目指す到達点という意味の「目標」がある。どのような組織も，この目的と目標を持っている。

　生きた人々が，何らかの形でコミュニケーションを取りながらそうした組織の目的・目標に向かって動的に関係し合う。その，視覚的には把握できない動きこそが組織の本質と捉えた経営者がいた。

(2) 近代的管理論の誕生

　バーナード（Chester I. Barnard）はアメリカの通信事業の会社の経営者としての体験から，組織（公式組織）とは意図的で，計画的で，目的をもつような人々相互間の協働（co-operate）であると論じた。この協働のシステムは「意識的に調整された2人またはそれ以上の人々の活動や諸力のシステム[1]」と定義され，近代的管理論の出発点となっている組織観である。バーナード以前の伝統的管理論は，組織をいわば構造物のようなものとして捉え，組織の無駄や非効率性を排除することが強い組織を生み出す原動力になるとしていた。しかし，バーナードは，組織の本質は組織のメンバー（成員）が協働して組織目的・目標の達成を目指す動的な関係であるとした。

　バーナードが主著「経営者の役割」を上梓したのは1938年である。当時の世相としては資本主義と共産主義の対立が鮮明になりつつあり，そのような状況下で「組織は協働システム」と主張するのは今日想像するよりはるかに政治的リスクを負う行為であったに違いない。バーナードの理論が難解と評される背景には，慎重に言葉を選びつつ自説を展開した彼の苦慮があった。

　こうして，組織の概念は，可視的な構造から人の動的な関係性（コミュニケーション）へと変質することになる。

第6章　経　営　組　織

2　クローズド・システムとオープン・システム

(1)　2つのシステム

　システムは，一般的にはインプットされた要素がアウトプットされるプロセスのことであるが，このプロセスは，環境との関連性から大きく2種類に分けて考えられている。1つは，機械のように同じインプットに対して同じアウトプットが認められるシステムであり，もう1つは，企業などの組織のように同じインプットに対して異なるアウトプットが認められるシステムである。

　前者はクローズド・システム（closed system）と呼ばれ，後者はオープン・システム（open system）と呼ばれる。

(2)　2つのシステムの違い

　たとえば，クローズド・システムでは，自動車を例にとると，ガソリンや水素ガスなどの燃料をインプットとして入ればアウトプットとして一定の走行が保障されるように設計されており，同じ燃料で著しく走行状態が変化するわけではない。それとは反対に，オープン・システムでは，企業を例にとると，同じ経営資源をインプットとして投入しても，必ずしも同じアウトプットとしての業績が見込まれない。

　私たち生物は生存する環境に影響を受けている。季節や時間，地理的空間によって，環境に適合するよう自らを変容させながら生きている。企業のような組織もまた，周りの経済，時代，政治などの環境によって自らを変容させながら存続をはかっている。

　オープン・システムとしての組織の認識は，テイラーやファヨールにみられる伝統的管理論への懐疑から出発したものであるが，組織を生命体として捉える新しい組織観への第一歩となっていった。

3　公　式　組　織

(1)　組織の成立

　バーナードによると，組織は協働のシステムである。では，この協働とはどのようなことを意味しているのだろうか。

コーヒーカップを作るのが得意な人＝Ａがいるとする。Ａは手先も器用で芸術的センスもあるが、そうした芸術肌の人に見られる人嫌いの傾向がある。Ａはコーヒーカップを作って生計を立てようとするものの、キャラクターが邪魔をして製品は思ったようには売れない。そこに、コーヒーカップを作る技術もセンスもないが、人当たりがよく口達者な人物＝Ｂが現れる。Ｂは、物を売る才能はあっても売るものがないので困っている。何らかのきっかけでＡとＢが出会い、お互いの現状を話すことがあるとすれば、そこに１つの可能性が生まれる。Ａがコーヒーカップを作り、Ｂがそれを売るという連携をとればどうかという提案がなされるという可能性である。
　ＡとＢが協働すれば、２人が別々に１人で活動するより、はるかに生計を維持できる確率が高まる。これは、分業を前提とした組織の原初的形態である。
　そこには、コーヒーカップを作って売るという組織の目的があり、今月は何個売るとかいくらの売上を目指すという組織目標がある。

(2)　公式組織と非公式組織

　さて、同じ目的がある人が集合する場合でも、たまたま同じ飛行機に乗り合わせた乗客の一団については組織を構成しているとはいわない。意図的に何かを生み出そうと協働する集団ではないからである。
　次に、学校や職場で気のあった仲間で集まり、ＢＢＱを計画する場合はどうだろうか。ＢＢＱがうまくいくように、仲間内で協働体制を作ったりするので、この場合は飛行機に乗り合わせる人々とは違い、組織である。
　では、企業などの組織とＢＢＱをする組織とはどこが異なるだろうか。
　バーナードは、前者を公式組織と名ずけ、公式組織に参加、脱退するには一定の手続きが必要とした。たしかに、ある企業に入社するには就職試験をパスする必要があり、会社を辞める場合には、退職願を出さないといけない。企業の役割分担も、多くは辞令という業務命令によってなされている。大学も入学試験があり、退学届けという制度がある。一方で気の合った仲間たちの場合には、なんとなく参加したとかいつの間にか顔を見せなくなったという関係のし方でも許される。

したがって，公式組織は手続きが重要な意味を持ち，その作用は高度に複雑である。

バーナードは，この公式組織に関していくつかの論点を提示しているが，そのなかでも代表的なものが①権限受容説と②組織均衡理論である。以下，それぞれについて解説する。

① 上司は部下に仕事をしてもらうために業務命令を出す権限を持っている。しかし，たとえば尊敬できない上司の業務命令だったりすると，いやいや命令された内容をこなすということもあり得る。この場合，上司の業務命令を出す権限は効果が限定されたものになる。権限は下位者によって受容されて初めてその効力を最大限に発揮する。これが権限受容説（acceptable theory）である。

② 組織はメンバーを集め，内部で仕事をしてもらうために「給料，ポスト，やりがい」などのモティベーションを提示する。これは「誘因（inducement）」と呼ばれる。一方，組織のメンバーになった成員は組織の目的・目標を実現するようそれぞれの立場で仕事をする。これは「貢献（contribution）」と呼ばれる。そして，これら誘因と貢献の量と質におけるバランスが取れていることが組織の存続に欠かせないと考えられる。これが組織均衡理論（organization equilibrium theory）である。

近代的管理論以後は，一般に「組織」が議論される場合はこの公式組織が対象となっている。

第2節　意思決定過程としての組織

1　システム的アプローチ

(1) 伝統的管理論の制約

テイラーの科学的管理法を嚆矢とするする伝統的管理論の主眼は，組織内の無駄や非効率性を洗い出し，それらをいかに排除するかにあった。そこでは組織目標の目的の達成されないのは無駄や非効率性が存在することが原因とされ

た。

　1台でも多く自動車を生産すれば自動車の価格が低下し，大衆に自動車が行き渡るという信念を持ち続けた自動車王フォードもまた，ベルトコンベヤーによる流れ作業を企業として考案し，無駄，非効率を可能な限り抑える生産方式を採用した。

　しかし，20世紀中頃から産業社会は高度に進展し，製品の高度化・多様化や市場の成熟化に直面するようになると，経営活動も規模的にも内容的にも拡大するようになり，企業を取り巻く環境も不確実さを増すようになった。そして，複雑化，拡大化した企業にとっては，伝統的管理論の範囲内だけでは管理できない側面がみられるようになる。

(2)　サイモンの登場

　組織においては，多くの個人（成員）がヒト・モノ・カネ・情報という資源と関連を持ちながら複雑に関係性を維持しており，その関係性は静的なものではなく，流動的で双方向的な特質を持つという見識が生まれるようになった。

　サイモン（Herbert A. Simon）は，バーナードの協働システムに立脚しつつ，独自の組織論を形成した。それは，組織とは意思決定（decision making）のシステムであるという組織論である。組織に属する成員の意思決定とその総体である組織の意思決定は相互に作用しあい，その相互作用こそが組織の本質であるという視座を提供したのである。

2　意 思 決 定

(1)　何かを決めるということ

　人は目覚めてから眠りにつくまで，常に何かを決めながら生活している。起きようか，このまま寝ていようか，朝は何を食べようか，今日の着ていく服はどれにしようか，傘を持って行くか，といった日常的な事項から，どんな職業に就こうか，どこに就職しようか，結婚しようかといった人生にとって重要な事項まで，その決定は広い幅を持つ。こうした決定はいくつかの選択肢である複数の代替案（alternatives）のなかから選ばれる。そして，われわれは状況に

第6章 経営組織

即してその時の自分にとって最良もしくは合理的と思われる決定を選択している。それが意思決定である。

生きるということは，意思決定と言い換えることもできる。

(2) 企業の意思決定

人の集まりの組織である企業も，組織として意思決定を行っている。組織である企業の場合は，複数の人の意思決定を調整するというプロセスが必要となってくる。

こうした企業の経営意思決定は，大きく，戦略的意思決定，管理的意思決定，業務的意思決定に整理できる。戦略的意思決定は，多角化，M&A，事業からの撤退という企業の命運を左右する重要な決定であり，社長，CEOなどのトップ・マネジメントが行う。管理的意思決定は，戦略的意思決定を受けてそれが円滑に遂行されるよう経営資源の調達や配分，あるいは組織構造の具体的実施などを決定したりすることであり，常務，執行役員，事業部長などのミドル・マネジメント（middle management）が行う。業務的意思決定は，管理的意思決定を受けて業務の現場で速やかにその決定を実現させるための決定であり，課長，係長といったロワー・マネジメント（lower management）が行う。

組織は個々の人の意思決定の集積であり，個々人の意思決定と組織の意思決定のあいだには合理的関係が求められる。

3　経済人と経営人

(1) 代　替　案

前述したように，個々の人の場合でも組織の場合でも，数多くの代替可能な行為群のなかから実際にとられる1つの行為へ選択・決定が行われる[2]。

次に，新しいTVを買う場合を考えてみよう。われわれは通常居住地域内の家電店やネットでお目当ての製品の価格を調べる。

価格は，最も基本的な経済学の需要供給モデルでは需要と供給が釣り合ったところで決定される。その前提として消費者は当該製品のすべての価格を知りうるという前提に立つ。そして，最も価格が低ければその製品を購入する。

しかし，実際は，われわれはいくつかの販売者の価格を比較しただけで，どこで買うかを決める。域内の小さな電気店を含めてすべての販売者をチェックするのはたとえネットを活用したとしても時間的にも物理的にも不可能だからである。さらに，価格にわずかな違いしかない場合は，店員の受け答えがよかったからとか，アフターサービスが期待できるとかの要素も加味して決定することもある。

(2) 2つのモデル

経済学のモデルのように「すべての情報がいきわたった状況で最適な選択をする」という前提は経済人モデル（economic man）と呼ばれ，「限られた情報をもとに限られた選択肢のなかで，という制限された合理性（bounded rationality）のもとで意思決定する」という前提は経営人（管理人）モデル（administrative man）と呼ばれる[3]。

サイモンは，個人や組織の区別なく意思決定がこの制限された合理性のもとで最適な決定を行うプロセスであると論じた。

そして，この制限された合理性のもとでの意思決定は，最適解が見つかるまで決定が行われないという最適基準でなく，満足すべき解が見つかれば即座に決定されるという満足基準によるものとされる。

第3節　組織構造

1　組織デザイン

(1) 組織の編成

組織がその目的，目標に向かって活動するためにチーム編成が行われる必要がある。どのようなチームにあっても何らかのチーム編成が行われないと，チームのメンバーである成員の「立ち位置」がまちまちになって効率的，効果的な組織活動ができない。現代企業においては，組織の成員は，例えばトヨタ自動車本社では約7万人の従業員を抱えるなど，企業の規模は原初的な組織形態からは想像もつかないほど巨大化し，それに伴ってチーム編成も複雑化せざ

るを得ない。

こうしたチーム編成はどのような考え方で実施されているのだろうか。

まず初めに考えられるのは，チームが試合に臨む場合に，どのような作戦を立てるかが決定される。その作戦の内容によってチーム編成が行われるという考え方である。この考え方によると，チームが試合に臨む場合の作戦は，ビジネスの環境では戦略と呼ばれ，その戦略に従ってチーム編成である組織が作られる。

(2) チャンドラー・テーゼ

戦略と組織の関係を最初に体系化して考察したのはチャンドラー（Alfred D. Chandler, Jr.）であった。チャンドラーはアメリカの超大企業である，デュポン，GM，スタンダード石油，シアーズローバックの4つの巨大企業の経営史的ケーススタディから，これらの企業が成長していく過程で多角化を戦略として採用し，その多角化を進めるために事業部制という組織を生み出したことを実証した。この「組織は戦略に従う[4]」という命題であるチャンドラー・テーゼは，組織形態が戦略の遂行にとって不可欠なツールであることを端的に表現している。

チーム編成である組織形態は，厳しいビジネス環境のなかにある企業にとって深刻な課題の1つである。

それらは企業の事業，企業の目的と目標，おかれた環境の特性とどのようにかかわり合ってきたのだろうか。

2 ラインとスタッフ・職能別組織・事業部制組織

(1) ラインとスタッフ

組織はルールの体系でもある。各部門がどのような業務を行うか，どの職位がどのような責任と権限を持っているか，など組織の成員が共通理解している取り決めであるルールが組織内では具体化されている。そのルールの体系は，生命体の神経回路のようにトップ・マネジメントの業務命令が組織の末端にいきわたる道筋と言い換えることができる。

企業にはその組織目的に応じてメイン・ストリーム＝本流の仕事がある。自動車製造会社は自動車を作って売るというのがそのメイン・ストリーム＝本流の仕事である。その仕事をいくつかのまとまりに分解したものが職能（function）であり，「製造」「販売もしくは営業」「総務」「研究開発」などの区分がそれにあたる。

　組織化は，これら職能の内部や職能間における権限と責任のルートを構築することから始まる。このルートは「ライン（line）」と呼ばれ，命令伝達系統が明確になっている。このラインの線上に位置する職能がライン部門であり，直系部門ともいわれている。

(2)　**職能別組織**

　ここで，「メトロポリタンハウジング」という，名前の割には小さな住宅メーカーが東京を本社として誕生したと想定しよう。住宅は構造など建築の技術の集積ではあるが，これらの，いわばハードウェアとしてのメカニズムの知識，技術の他にも，内装，家具のデザインといった特別な美的センスと知識が必要とされる領域が住宅を作る仕事には含まれる。あるいは，製品のPR，住宅モデルの名前の付け方にもデザインとマーケティングのセンスと知識が必要な部門がある。このデザインという仕事は住宅を作って売るというメイン・ストリームのなかの特定のある地点に位置して機能する仕事ではなく，むしろさまざまな局面で社内で意見を求められる種類の仕事である。

　このような，メイン・ストリームの内，すなわちライン上ではなく，必要に応じてラインの外からアドバイスをする仕事とそれに携わる人たちをスタッフ（stuff）と呼び，ラインとスタッフの関係性の概念は図表6－1で示される。

図表6-1　ラインとスタッフ

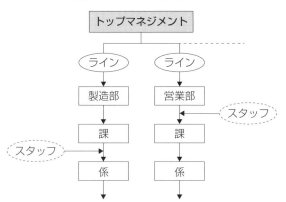

　組織構造のごく基礎は，この固定的なラインと非固定的なスタッフの識別であり，それはまたラインというメイン・ストリームを明確にする作業でもある。

　次に，この，関東地区に住宅を建売で提供する企業であるメトロポリタンハウジングは誕生したてでまだ規模は小さい。こうした企業はまず，どのような組織構造を持つだろうか。

　取りあえずは図表6-2で示すような，職能をもと編成された組織を持つことになるだろう。組織の成員（メトロポリタンハウジングの社員）にとっても，客や取引先にとっても理解しやすいからである。この構造は，職能別組織と呼ばれ，メトロポリタンハウジングのように比較的規模が小さい企業や，単一あるいは少数の製品を製造している企業に普通にみられる形態である。

図表6-2　職能別組織

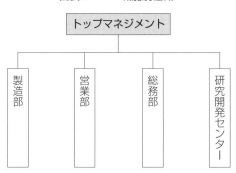

職能別組織のメリットとしては，主に次の２点があげられる。
① 部署に所属するメンバーが自分の仕事の内容を明確に把握でき，その分野のスペシャリスが育成される。
② 組織の共通のヒト・モノ・カネ・情報という経営資源が活用できる。

デメリットとしては，主に次の３点があげられる。
① ある部門のスペシャリストは育成されるが，全社的視点を持つゼネラリストが育成されにくい。
② 各部門単位の業績の評価が難しい。
③ 指示に従って仕事の振り分けを待つ場合が多く，モティベーションを維持しにくい。

(3) 事業部制組織

さて，メトロポリタンハウジングが業績を順調に伸ばし，全国展開をするようになったとする。

ここで大きな課題が発生する。住宅は建てられる地域によって求められる要素が大きく異なるという課題である。北海道では寒い気候に耐えられるように耐寒性が重視され，逆に沖縄では通気性が求められる。そこで，製品である住宅の特色と同時に市場の違いから，大きく北海道と本州，沖縄で事業のまとまりを分けてはどうかという発想が生まれる。

このように，企業の規模が大きくなり，あるいは多角化を志向すると職能別組織では活動に限界がみられるようになり，扱う製品の特質や対象となる市場の特質によって，分社化に近い組織が生み出される。

図表６－３はメトロポリタンハウジングの，北海道事業部，本州事業部，沖縄事業部に分かれる事業部制組織構造である。各事業部は独立採算制を採用しプロヒットセンターと位置づけられている。

図表6-3 事業部制組織

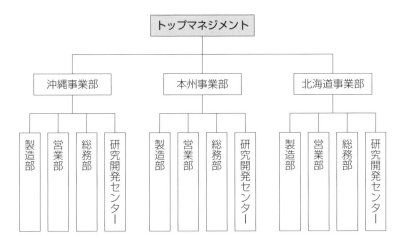

事業部制のメリットとしては，主に次の4点があげられる。
① 比較的規模が小さくなるのでコミュニケーションが取れやすく，意思決定がスムーズに行われる。
② 事業部単位で業績の結果が表れるので，問題の発見につながる。
③ 事業部同士がライバルとなり競争意識が高まる。
④ 事業部長は限定的な業務だけでなく事業部全体を統括する経験を得るので，トップ・マネジメントとしてのトレーニングになる。

事業部制のデメリットとしては，主に次の4点があげられる。
① 事業部は独自の広範な意思決定権限が賦与されているので，本社のコントロールが効きにくくなるケースがある。
② 事業部同士の競争意識からセクショナリズムに陥り，全社的および長期的な視点が失われる。
③ 人事異動が狭い事業部内で行われて人材が育ちにくい。
④ 経営資源を共有しての活用しようとはしないので，資源に無駄が出る。

3　タスク・フォース，プロジェクト・チーム，マトリックス組織

(1)　タスク・フォースとマトリックス組織

ところで，企業は活動を続けるなかでさまざまな問題や課題に直面する。そのなかには，

① 早急に対処しなければならない事態
② 解決しなければならないが少し時間的余裕のある問題
③ 全社的に本格的に取り組むべき課題

の3種類がある。

①の早急に対処しなければならない事態に対しては，タスク・フォース（task force）という組織で対応される。通常は少人数で短期間，ピンポイントで事態への対応にあたる。

②の解決しなければならないが少し時間的余裕のある問題に対しては，製造部から3人，営業部から2人，財務部から3人といように必要な部署から1人ないし数人ずつ選抜されプロジェクト・チーム（project team）を編成する。業種横断的に情報とノウハウを共有して，問題解決にあたる方式である。

③の全社的に本格的に取り組む課題に対しては次のマトリックス組織のような対応が考えられよう。

(2)　マトリックス組織

前述のメトロポリタンハウジングは事業部制も成功し，その後も順調に企業規模を拡大していった。将来の展望として，より高品質の住宅を供給することに企業の将来を託すことにしたメトロポリタンハウジングは，高品質を「エコ型オール電化」「多世代住宅」「和モダン住宅」という領域に求め，それぞれを新たに事業部制にして研究開発とビジネスを本格化させた。北海道，本州，沖縄という地域のスペシャリストと住宅の質のスペシャリストで企業の柱を育てたいと考えたからである。しかし，いくら企業の規模が大きくなったからといっても，ヒト・モノ・カネ・情報という経営資源には限りがあり，6つになった事業部を純粋に単独で運営できないことがわかった。だが，経営の軸は残したいので，社員には2つの事業部に同時に属してもらい両方の事業部へと

新しい視点を加えることにした。図表6－4のように，社員Aは北海道事業部とエコ型オール電化住宅事業部に属し，社員Bは本州事業部と和モダン住宅事業部，社員Cは沖縄事業部と多世代住宅事業部といった，1人の社員が同時に2つの事業部に属する構造であり，その形態からこうした組織はマトリックス（matrix）組織と呼ばれている。

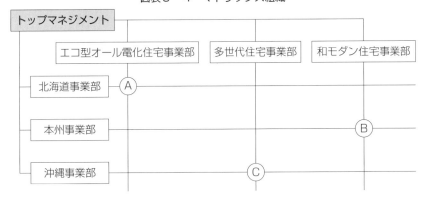

図表6－4　マトリックス組織

4　PPMとSBU

(1)　PPM

1960年代，総合家電メーカーであった米国のGE（General Electric）は，多品種を製造販売している割には収益が上がらない原因を突き止める目的で，ボストン・コンサルティング・グループという経営コンサルタントの会社に自社の事業の分析を依頼した。この分析結果をもとに考案されたのがPPM（Product Portfolio Management）であり，市場占有率と市場成長率を2つの軸として当該企業における，ある製品の位置づけを考えるものであった。

そこでは，ある製品の市場成長率が低く，その企業のその製品の市場占有率も低い場合には，当該製品を製造し続けることは特殊の場合を除いて合理的ではないので，その製品の事業からは撤退し，そこで使われていた資源を今後成長が見込める製品の開発販売に向けるほうがいいという分析結果が示された。

(2) ＳＢＵ

　しかし，ある製品やある地域に特化した従来の事業部制組織では，一端事業部が構築されると撤退するのが困難な場合が多い。そこで，もう少し事業をグループとしてまとめて機動的に環境の変化に対応できないかという発想が生まれる。それがSBU（Strategic Business Unit）である。

　スポーツ用品の販売店を考えてみよう。スポーツ用品のディスプレイは，図表6－5の上図のように製品別にコーナーを設ける場合がある。しかし，スポーツ用品を購入する消費者は，ボール，シューズ，ウェア，ブックを個別に見たいわけではない。サッカー，野球，ゴルフ，バスケットボール，テニスといった種目単位で考える。そこで各種目別にコーナーを図表6－5の下の図のように設ける方法がある。これがSBU的な発想である。

　この場合，図表6－5の上の図のように種目別にコーナーを作れば，季節（ウインタースポーツ，水泳など）やブーム（オリンピックなど）で客が増えるような種目のコーナーには多くのスペースや店員を割いたり，配置を変えたりすることが円滑に実行でき，消費性向に柔軟に対応できるというメリットが生まれる。

図表6-5　ＳＢＵ

ボール・コーナー	シューズ・コーナー	ウェア・コーナー	ブック・コーナー
テニス／バスケットボール／ゴルフ／野球／サッカー	テニス／バスケットボール／ゴルフ／野球／サッカー	テニス／バスケットボール／ゴルフ／野球／サッカー	テニス／バスケットボール／ゴルフ／野球／サッカー

テニスコーナー	バスケットボールコーナー	ゴルフコーナー	野球コーナー	サッカーコーナー
ボール／シューズ／ウェア／ブック	ボール／シューズ／ウェア／ブック	ボール／シューズ／ウェア／ブック	ボール／シューズ／ウェア／ブック	ボール／シューズ／ウェア／ブック

第4節　経営組織の今日的課題

1　コンティンジェンシー理論

　ある企業で営業部長のポストが何らかの理由で空席になったとしよう。

　その営業部長のポストに次に誰が就くのか，社内でもその話題で持ち切りである。噂ではどうやら候補は2人に絞られたようである。2人のうちの1人であるX課長は官僚型で細かく何事にも厳格である。他方のY課長は明るくムードメーカーのタイプであり，多くの営業部員はY課長が部長に昇進することを密かに望んでいる—といった光景はごく一般の企業で日常目にする光景である。

　しかし，これはよく考えてみると，実に不可思議な現象といえる。なぜ，不可思議なのだろうか？

　この企業に限らず，「営業部長」の業務の内容，責任と権限，職責は組織内のルールのもとで社員（成員）全員に理解される形で定着している。万事に細かいX課長が営業部長に就任しようと，おおらかな性格のY課長が就任しようと，営業部長の職務の内容，責任と権限，職責は変更されるものではない。営業部長という役職は，だれが就任しても変わることがないように設計されているはずである。人が代われば業務の内容や指揮命令系統が変わるというのでは，組織は混乱をきたして正常に機能しなくなるだろう。

　では，それにもかかわらず，人が変われば「部長」という職位の内容も変わる可能性があると思われるのだろうか。

　それは，絶えず組織は外部環境や内部環境の変化にさらされていて，厳密に規定されているはずの業務の内容，責任と権限，職責にも解釈や運用の幅が生じることが理解されているからである。

　組織のマネジメントにはこのように運用の幅を含む弾力性が予想されている。しかし，環境の変化がさらに大きくなり，運用の幅を超えてしまうような時はどうなるのだろうか。

　ローレンス（Paul R. Lawrewnce）とロッシュ（Jay W. Lorsch）は，実証分析を

もとに，マネジメントそのものは環境の変化という現実に直面して柔軟に変化し得るという結論5)を提示した。この研究の成果は「状況適応理論」あるいは「コンティンジェンシー理論（contingency theory）」として知られる6)。

2 複 雑 系

人間は考える葦と表現したのはパスカルだが，人は，水辺の葦と同じく生物であって生命体であり，さらに突き詰めると，原子，陽子，中性子，素粒子などからなる物質の集合体でもある。その，人の集まりである組織を理解しようとする場合，生物体の生存のメカニズムや，さらには物理学の法則も組織に作用しているのではないかという見方が1960年代から広まっていった。

環境の変化の振幅が大きくなり，その頻度も高くなれば，生き残りのために組織はどのように適応させるメカニズムを持つのか。

たとえば，大きい組織のままでは身動きが取れにくくなるので，より小さな組織を内部に分化させ，それぞれに意思決定権限を委譲するという対応の方法がある。ネットワーク型組織である。しかし，そうなると，組織全体の統率が困難になり，組織のアイデンティティが失われるようになるという矛盾が生じる。また，環境の不測の変化へのリスクヘッジとして，企業は材料の仕入れ先を傘下に置いたり販売ルートを取り込んだりする，いわゆる経済の内部化を起こし，多国籍企業やコングロマリットのように巨大化する場合があり，統率の矛盾がさらに拡大する。しかし，小さい組織のままだと環境の乱気流7)に巻き込まれて存続できないかもしれない。

混沌や矛盾を内包させつつ，人の作った組織はどこへ向かうのか。

こうした問題に対して，組織の構造をより有機的な視座から分析し考察しようという動きにスポットライトが当たるようになった。システムの制御という観点から組織構造を捉えようとするサイバネティックス（cybernetics)[8]，外部環境の変化を俟たずに組織の内部から自己改革が起きて組織は存続する可能性を高めるという自己組織性[9]，さらには量子力学も含めた観点から社会システムの一つとして組織を考察するオートポイエーシス[10]の理論が生まれた。

それらは複雑系組織論と総称され，独自の展開を見せている。

3　IT・ICTの進展と経営組織

　使用目的を限定しないツールとしてコンピュータが誕生して75年，その技術的進歩は指数関数的に成果を上げ，コンピュータなしに社会生活を持続させることが困難と思えるほどコンピュータはわれわれの生活の中核に位置しつつある。

　2045年，コンピュータの処理能力は人類の英知の総和を凌駕し，シンギュラリティ（技術的特異点）を超えて，文明は新たな局面を迎える[11]という考え方もある。このシンギュラリティについては，多くの論点が用意され，肯定的な見方や否定的な見方を取り混ぜて議論の内容も多岐にわたる。

　シンギュラリティを超えた世界がどのようなものであれ，すくなくともコンピュータによってもたらされるであろう変化が社会に対応できる部分は何か，対応しなければならない分野はどこかを考察しておくことは，コンピュータが中核になる時代には必要なことと思われる。

　人類が「働く」ということを概念化し，それを自分以外の人間に情報として伝達手段を持っている状態を文明とする。その6,000年とされる文明の歴史のなかで，「働く」ことの意味や，「ともに働く」ことの意義を体系化し，科学的に解明し始めたのは，今から100年から150年前に過ぎない。

　その時始まった，「労働」をめぐる理論は「管理論」を中心に整理され，ビジネスの現状でも活用されている。そして，100年〜150年の間に，古典的管理論から人間関係論を経て，近代的管理論へと進化し，時代の変化に相応して変質を遂げている。さらに，IT社会においても「労働」のスタイルは概念的に大きく変化していくことも予想される。一定時間，一カ所に集まらなくても「労働」は十分可能になるからである。はたして，協働システムとしての組織（チーム）は従来のような形で存続していくのだろうか。

　個人と組織のせめぎ合い－そこに管理論が生まれ，組織構造をめぐる議論が活発化した。IT・ICTの飛躍的進展という人類が初めて体験する環境の変化

を受け，生物学や物理学も取り込みながら組織論は新たな進化の時期を迎えようとしている。

〔注〕
1) C. I. Barnard, "The Functions of the Executive" Harvard University Press, 1938, p. 248.
山本安次郎・田杉競・飯野春樹訳『経営者の役割』ダイヤモンド社，1956年，238ページ。
2) H. A. Simon, "Administrative Behavior : A study of Decision-making process in Administrative Organization, 3rd ed.", The Free Press, 1976, p. 4.
松田武彦・高柳暁・二村敏子訳『経営行動：経営組織における意思決定プロセスの研究』ダイヤモンド社，1989年，6ページ。
3) James March & Herbert Simon "Organizations" 2nd ed., Blackwell, pp. 158-163.
土屋守章訳『オーガニゼーションズ』ダイヤモンド社，208-215ページ。
4) A. D. Chandler, Jr., "Strategy and Structure : Chapters in the History of Industrial Enterprise", The MIT Press, 1962, p. 14.
三菱経済研究所訳『経営戦略と組織：米国企業の事業部制成立史』実業之日本社，1967年，30ページ。
5) Paul R. Lawrence and Jay W. Lorsch "Organization and Environment" Harbard Business School Classics, 1967.
吉田博訳『組織の条件適応理論－コンティンジェンシー・セオリー』産業能率短期大学出版部，1977年を参照。
6) 占部都美『組織のコンティンジェンシー理論』白桃書房，1979年を参照。
7) H. Igor Ansoff "Strategic Management, Classsic Edition" Palgrave Macmillan, 1979, p. 72.
中村元一監訳『戦略経営論［新約］』中央経済社，2007年，72-73ページ。
8) 市橋英世「組織行動の一般理論－組織サイバネティックス研究」東洋経済新報社，1978年を参照。
9) 河本英夫『オートポイエーシス』青土社，1995年を参照。
10) N. Luhmann "Die Wirtschaft der Gesellschaft" Suhrkamp Verlag Frankfult am Main, 1988.
春日淳一訳「社会の経済」文眞堂，1991年を参照。
11) Ray Kurzweil "The Singularity is Near : When Humans Transcend Biology", Loretta Barrett Books, 2005, p. 70.
井上健監訳『ポストヒューマン誕生』NHK出版，84ページ。

第7章　コーポレート・ファイナンス

はじめに

　コーポレート・ファイナンス（corporate finance）は「経営学のおカネ版」[1]であり，おカネによる経営管理についての知見である。また，コーポレート・ファイナンスは金融市場から資金を調達し，それを実物投資に振り向ける活動に関する知識であるとも言える。そして，企業実務と深く結びついており，本社をいわば投資家としたグループ企業の経営管理，新規事業の投資判断，業績評価，事業戦略の手段としてのM&A（mergers and acquisitions，合併・買収）などの局面で経営判断においてこの知識が役に立つこととなる。

第1節　コーポレート・ファイナンスの概要

　この節では，コーポレート・ファイナンスの大まかな内容について述べる。企業がどのような事業，プロジェクトに投資をするかは，投資家（債権者，株主）の資金をどのように使用するかということであり，投資決定と呼ばれる。そして，資金調達については負債，すなわちデット（debt）調達とするか，株式，すなわちエクイティ（equity）調達とするかの組み合わせを資本構成（capital structure）と呼ぶが，これらは密接に関係する意思決定である。また，事業から得た収益を配当として株主に支払うか，それとも内部留保として次の事業資金とするかは配当政策，または自社株買いも含めてペイアウト（pay out）政策と呼ばれる。これら3つの意思決定，すなわち企業内の効率的資本配分の意思決定を如何に適切に行うかがコーポレート・ファイナンスのテーマとなる。

　投資家に対する費用，投資家が要求するリターンを資本コスト（cost of capital）と呼ぶが，この資本コストより多くの収入を企業が得れば，その企業

は価値を創造していると考えられる。この価値創造のための判断基準を提供することがコーポレート・ファイナンスの役目と言え，企業の経営判断に貢献している。近年ではM&Aのニュースが日々流れるが，その買収企業の価格決定や合併比率の決定もコーポレート・ファイナンスの大きなテーマである。

そして，コーポレート・ファイナンスのキーワードは先述の資本コストである。企業は従業員に給与を支払うように資本の提供者である債権者，株主に対してもコストを支払わなくてはならない。投資家側から見れば，この資本コストは投資家が期待するリターン，期待収益率（expected return）と呼ばれる。資本コストを投資家が要求する収益率，要求収益率（required rate of return）とも呼ぶが，企業の資本コスト＝投資家の期待収益率という関係になる。

一般に，確実でリスクのない投資対象としては長期国債に対する投資があるが，この長期金利を上回る収益性がなければ投資家は企業に投資をしない。この金利を上回るリターン部分は，リスクに対する見返り，リスクプレミアム（RP：risk premium）と呼ばれている。

資本コストを上回る事業を考える時，コーポレート・ファイナンスではフリー・キャッシュフロー（FCF：free cash flow）と呼ばれる投資家に配分できるお金を考える。これは，「企業が事業活動を行った後に，債権者・株主・経営者間で自由に分配できる余剰のキャッシュフロー」のことであり[2]，これもコーポレート・ファイナンスの重要なキーワードとなっている。

第2節　資本コストとDCF法

この節では，企業の資金調達のコストである資本コストと事業評価・企業評価方法の一つであるDCF法（discounted cash flow method）について述べる。

1　資本コスト

(1)　リターンとリスクの関係

リスク，すなわち不確実性のあるビジネスによる収益，つまり将来のリター

ンのキャッシュフローは確率的にしか予想できない。コーポレート・ファイナンスが前提とする現代ポートフォリオ理論（modern portfolio theory）では投資を標準偏差（又は分散）と平均の枠組みで捉え，投資家はリスク回避的であると考える。そして，投資家はリスクを負担することに対して相応の見返り・報酬を期待するとされ，その見返りがリスクプレミアムである。先述の通り，実務ではリスクのない投資とは長期国債に対する投資であり，リスクのない投資案件の収益率をリスクフリー・レート（RF：risk-free rate）と呼ぶ。そして，期待収益率とリスクフリー・レートとリスクプレミアムには次の関係がある。

期待収益利率＝RF＋RP ・・・・・・・・・・・・・・・・・・・・・・・・・・・・・・・・・・・（式－1）

　リスク回避的な投資家がいる金融市場ではハイリスク・ハイリターンの関係が成り立ち，投資家はリスクに見合うプレミアムを期待して不確実な投資のリスクを引き受ける。投資家の要求リターンは投資のリスクに応じて決まり，それ以上は期待できない。企業のビジネスがもたらすキャッシュフローのリスクをビジネスリスクと呼ぶが，ビジネスリスクが大きければ企業が投資家から資金を得るために必要なコスト，つまり資本コスト，すなわち投資家が金融市場で企業に求めるリターンである期待収益率も高くなる。企業に対する投資家は債権者と株主に分けられるが，負債の支払いの確実性が大きければ，その負債のコストはリスクフリー・レートに近いものになり，クレジット・スプレッド（credit spread）は小さくなる。

　一方，債権者への支払いが終わった後に配当を得る株主の収益率は大きく変動するのであり，企業のビジネスリスクを主に負担するのは株主と言える。このため株主資本コストは高くなる。実際，長期間で見た場合，株式の投資収益率は社債の投資収益率を上回っている。企業全体の資本コストは負債コストと株主資本コストの時価による加重平均となり，加重平均資本コスト（WACC：weighted average cost of capital），「ワック」と呼ばれ，次の式で表される。なお，負債コストは，負債利子が税控除の対象となるので税引後負債コストを用いる。

WACC＝負債比率×税引後負債コスト＋株式比率
　　　　×株主資本コスト ……………………………………（式－2）

　コーポレート・ファイナンスでは，効率的市場を前提に株主資本コストを求める。この効率的市場とは企業の情報を瞬時に処理し，それが正しく価格に反映される市場のことである。効率的市場で形成された株価は株式の理論的価値の偏りのない推定値であるとされ，先進国の高度に発展した証券市場では公開情報は株価に反映されているとされる。なお，負債コストの算出は，これからその企業が借りようとする時に要求される金利を社債市場の状況を参考にして行うのが一般的である。

(2) **資本資産評価モデルとその活用**

　株式の資本コストの算出は，資本資産評価モデル（CAPM：capital asset pricing model），「キャップエム」を用いて算出するのが標準的な手法となっている。このモデルは，資産のリターンを1つのリスク・ファクターで説明するモデルであり，そのリスクの指標がβ（ベータ）値である。

　コーポレート・ファイナンスでは，株式市場全体の動きを表す指標として日経平均株価や東証株価指数（TOPIX）を用いる。これらは市場に存在する全ての証券を含む市場ポートフォリオに近いものとして使用されている。市場ポートフォリオのリスクフリー・レート，すなわち長期国債利回りを超える収益部分を市場リスクプレミアム（MRP：market risk premium）と呼ぶが，個別株式のリスクプレミアムはこの市場ポートフォリオのリスクプレミアムと一定の関係にあり，先ほどのβ値を用いて次の式が成り立つことが知られている。

　　個別株式のRP＝β×MRP ……………………………………（式－3）

　β値は株式市場全体では1であり，β値が大きい株式はハイリスク・ハイリターンの株式，小さい株式はローリスク・ローリターンの株式である。β値が1の個別株式は，市場インデックス（index），つまり日経平均株価などの指標が動いた時に同じような水準で株価が変動する企業の株式である。この式から

次の式が導け，個別株式の株主資本コストが算出できる。

個別株式の株主資本コスト＝RF＋β×MRP ………………（式－4）

この式がCAPMを表す式である。例えば，リスクフリー・レートが1％，個別株式のベータが1.2，マーケットリスクプレミアムが6％の場合のこの株式の株主資本コストは，1％＋1.2×6％＝8.2%となる。

式－4を式－2の株主資本コストに代入することにより，その企業の資本コストを得られることになる。例えば，税引後負債コストが2％，負債比率60％，株主資本比率40％の場合，WACCは，0.6×2％＋0.4×8.2%＝4.48%となる。

2　DCF法（discounted cash flow method）
(1)　キャッシュフローの価値と時間

企業は，今現在資金を投入して，将来それに見合う成果を得られるかという観点から行動しているのであり，投資家も現在と将来を比較して意思決定をしている。そして，意思決定を行うのは現在であるから将来のキャッシュフローを現在の金額に換算して考える。将来のお金についての現在における価値を現在価値（PV：present value）と呼び，コーポレート・ファイナンスでは重要な考え方の一つである。

将来のお金の価値を現在の価値に直すことを「割り引く」（discount）というが，現在価値を算出する上でポイントとなるのは時間とリスクの2つである。この時間とリスクを正確に反映して現在価値を求めるのが割引現在価値法，DCF法である。

リスクがない1年先の将来のキャッシュフローを割り引くレートには，先述のリスクフリー・レートを用いる。リスクフリー・レートは，キャッシュが1年の時間をかけて稼ぐ収益率であることから貨幣の時間価値（time value of money）とも呼ばれる。

DCF法では，将来のキャッシュフローの予測の合計額の現在価値と，現在の投資額を比較して現在価値が投資のコストを上回れば投資の価値があるとし，

この上回る部分を正味現在価値（NPV：net present value）と呼ぶ。

リスクがある将来のキャッシュフローの割引率（discount rate）には，リスクフリー・レートにリスクプレミアムを加算した期待収益率を使用する。そして，キャッシュフローは将来のものであるから，期待キャッシュフロー（ECF：expected cash flow）を考える。そして，企業にとっての投資家からの期待収益率は先述した資本コストとなる。したがって，現在価値と1年先の将来価値には次の関係がある。

　　PV＝ECF／(1＋資本コスト) ・・・・・・・・・・・・・・・・・・・・・・・・・・・・・・・・(式－5)

複数年に渡る場合は，これを繰り返してゆくことになり，次のようになる。

　　PV＝1年目のECF／(1＋資本コスト)
　　　＋2年目のECF／(1＋資本コスト)^2
　　　……
　　　＋n年目のECF／(1＋資本コスト)^n ・・・・・・・・・・・・・・・・・・・・・(式－6)

このように現在価値を決める要素は時間と資本コストである。この資本コストは投資計画が超えなければならないハードル・レート（hurdle rate）の役割を果たす。

(2) 株式評価と企業評価

株式の評価にもDCF法を用いる。株主が受け取る将来のキャッシュフローは配当である。したがって株式の理論的な現在価値は，配当が毎年同額で無限に続くとすると，理論株価は次の式で与えられる。

　　理論株価＝配当／資本コスト ・・・・・・・・・・・・・・・・・・・・・・・・・・・・・・・(式－7)

この式は配当割引モデル（DDM：dividend discount model）と呼ばれ，同じ額の配当が永久に続くと仮定している。理論株価は，初項が配当／(1＋資本コスト)，公比1／(1＋資本コスト)の無限等比級数の和となる。例えば，配当が50円，資本コストが10％とすると，理論株価は無限等比級数の和の公式より，{50円／(1＋0.1)}／{1－1／(1＋0.1)}となり，分子分母に1＋0.1をかけ

ると50円／0.1と式－7の形となり，500円が算出される。この式の資本コストにはCAPMで求めた株主資本コストを用いる。そして，配当が，毎年，一定率で成長する場合は次の式で表され，式－7と同様に無限等比級数の総和から導出され，定率成長配当割引モデルと呼ばれている。

理論株価＝配当／（資本コスト－配当成長率）・・・・・・・・・・・・・・・・・・（式－8）

また，コーポレート・ファイナンスでは事業資産の評価額を企業価値と言い，具体的には投資家に配分できるキャッシュフロー，つまり先述のフリー・キャッシュフローをWACCで現在価値に割り引いて算出する。

企業価値＝負債価値＋株式価値＝FCFの現在価値・・・・・・・・・・・・・・（式－9）

つまり，企業が将来創出するキャッシュフローを投資家にすべて還元したらどうなるかを将来のフリー・キャッシュフローを現在価値に割り引くことにより算出する。したがって，企業価値は，フリー・キャッシュフローが定率成長の場合，式－8と同様に，

企業価値＝FCF／（WACC－FCF成長率）・・・・・・・・・・・・・・・・・・・・（式－10）

と表せる。なお，フリー・キャッシュフローは，「バランスシートの左側の資産が稼ぎだすキャッシュフロー」[3]であって次の式のように定義される。

FCF＝営業利益×（1－法人税率）＋減価償却費－正味運転資本増加額
　　－設備投資額 ・・・（式－11）

営業利益は株主および債権者の両者が受け取るキャッシュフローの合計額であり，営業利益×（1－法人税率）は，税引後営業利益（NOPAT：net operating profits after tax），「ノーパット」と呼ばれる。正味運転資本（net working capital）とは，流動資産から，短期借入金を除く流動負債を引いたものである。また，減価償却費はキャッシュが外に出てゆかないため加算される。

なお，実際のM&AではDCF法によって計算するインカム・アプローチ

(income approach) の他に，時価純資産法とも呼ばれ現在持っている資産を基に企業の価値を計るコスト・アプローチ (cost approach)，そして同じような事業を営む上場企業の時価総額を基に計算するマーケット・アプローチ (market approach) の3つの手法を併用し，シナジー効果 (synergy effect) も考慮して対象企業の価格を算出する。

第3節　事業投資・資本構成・ペイアウトの意思決定

この節では，実物資産に対する資金投入である事業投資，貸借対照表上での負債と資本についての構成である資本構成，そして配当金支払いや自己株式の取得による株主への利益還元であるペイアウトの決定方法について述べる。

1　事業投資
(1) NPVによる投資決定

企業価値向上を目指してどの事業に投資をするかについてコーポレート・ファイナンスでは価値を基準に意思決定を行い，その価値には先述のNPVを用いる。そのため投資プロジェクトについては，そのキャッシュフロー計画の策定が必須となる。将来の売上の予測から始め，式-11で示した項目を予測することでキャッシュフロー計画は策定できる。このキャッシュフロー計画を将来の期待キャッシュフローとすると，NPVは最初のプロジェクトへの投資額をIとすれば次の式で計算できる。

$$NPV = -I + ECF_1 / (1+資本コスト) + ECF_2 / (1+資本コスト)^2 + \cdots\cdots + ECF_n / (1+資本コスト)^n \cdots\cdots\cdots\cdots\cdots\cdots\cdots\cdots\cdots\cdots (式-12)$$

投資プロジェクトの資本コストは企業のWACCよりは高くなる場合が多く，その企業のWACCよりいくら高くするかは経営判断と言われているが，事業に類似した上場企業のβ値から推定する方法もある。なお，将来，投資した事業を売却する場合はその価格を残存価値とし，将来キャッシュフローとして見

積もることになる。また,「NPVの本質的な限界は経営の柔軟性 (managerial flexibility) を考慮できないこと」4) であり,これについては金融オプションの理論を実物資産投資に応用したリアル・オプション (real option) が研究されている。

(2) IRR（内部収益率），EVA®等

NPVがゼロとなる割引率のことを投資の内部収益率 (IRR：internal rate of return) と呼ぶ。IRRは投資するプロジェクトが何％のリターンを生むかを考える。そして，IRRが資本コストを上回ればそのプロジェクトは投資家の期待を上回る収益性を持ち，価値を生み出すと判断し，下回る場合は投資する価値がないと考える。

しかし，IRRは場合によってはNPVで計算した場合と結果が異なることがある。その理由はキャッシュフローの並び方によるのであるが，その場合は価値創造金額，すなわちNPVの大小で判断するのが一般的である。

また，EVA®（経済的付加価値：economic value added）と呼ばれる手法を用いることもある。EVA®は米国のスターン・スチュワート社が考えた手法で同社の登録商標であるが，フリー・キャッシュフローから資本コストを引いた金額のことであり，会計期間において企業が生み出した経済的な付加価値を言うとされ，EVA®は次の式で表される。

EVA®＝NOPAT－投資額×WACC ……………………… (式－13)

投資額とは，短期借入金，固定負債，および自己資本の合計である。一般にNPVは中長期の投資評価の意思決定に使用され，EVA®の実績値は1年ごとの業績評価の指標として使用されている。なお，EVA®の現在価値合計はNPVに等しくなる。

投資の意思決定の手法としてはこの他回収期間を用いる方法があり，投資コストを何年で回収できるかで判断する。この方法は，従来，多く行われていたが，資本コストを考慮していないために企業価値の点からの判断が正確ではない。そのため，近年ではNPVの使用が増えている。

2 資本構成
(1) MM理論

　企業の投資決定は資金調達にも影響するが，資金調達は投資決定に影響するかという問題がある。これは，広くみれば資本構成と企業価値の関係を考えることになる。企業の資本構成は，負債比率，株式比率で表される。しかし，企業の価値は，資産が生み出す将来のキャッシュフローによって決まるのであり，WACCは企業のビジネスリスクの大きさによるのであるから，本来，企業価値は資本構成とは無関係であると言える。

　このことを主張したのはモジリアーニ（Modigliani）とミラー（Miller）であり，MM理論とかMMの資本構成無関連命題と呼ばれている。

　MM理論は第1命題と第2命題からなるが，その第1命題は，資本構成は企業価値には無関係である，というものである。この命題は，法人税がなく，金融市場は完全に機能していて金融取引のコストがゼロであることを前提とする。

　総資本のなかで他人資本（銀行借入等）の占める割合をレバレッジ（leverage）比率，デット・エクイティ比率（debt equity ratio：D／Eレシオ）と呼ぶ。

　　デット・エクイティ比率＝デット／エクイティ　………………（式－14）

　かつては，一般にデット・エクイティ比率を上げればROE（株主資本利益率：return on equity）が改善すると考えられた。しかし，MMの第1命題は，負債を増やしてデット・エクイティ比率を上げても企業価値は変わらないのであり，企業は資本コストを下げることができない，ということを言っていることになる。

　この理由は，債務を増やしてレバリッジを上げれば債務の元本と利息の返済という固定的支払い要素が増加し，ファイナンシャル・リスクが上昇するからである。すなわち，企業利益の変動リスク，具体的にはROEの振幅の幅が大きくなり，結果として株主資本コストが増加する。そのため，WACCは変わらないことになる。

　これを理解するポイントは，先述の通り，企業価値は事業の内容とそれが生

み出すキャッシュフロー，つまり，バランスシートの左側の事業のリターンで決まるという考え方である。つまり，ROA（総資産利益率：return on assets）が企業価値を決めるということである。ROAが変わらなければ，バランスシートの右側の負債と株主資本をどのように配分しても企業価値が変わるわけはない。これをシカゴ大学のミラーはピザを用いて，「1枚のピザはどのように切り分けても元の大きさは変化しない」と例え話で説明したとされる[5]。ピザが企業価値であり，切り方が資本構成というわけである。このピザは企業の資本提供者への支払い原資であるが，すると次の式が成り立つ。

支払い原資＝株主資本×株主資本コスト＋負債×負債コスト ……（式－15）

次にこれを企業価値で割ると

支払い原資／企業価値＝株主資本／企業価値×株主資本コスト
　　　　　　　　　　＋負債／企業価値×負債コスト …………（式－16）

ここで支払い原資／企業価値とはROAであるから，

ROA＝（株主資本／企業価値）×株主資本コスト
　　　＋（負債／企業価値）×負債コスト ………………………（式－17）

となる。これを株主資本コストについて整理すると，

株主資本コスト＝ROA＋（ROA－負債コスト）
　　　　　　　　×D／Eレシオ ……………………………（式－18）

となる。これがMM理論の第2命題であり，借入を行っている企業の株主資本コストは負債比率に比例して増加する，ということを表している。

株主は負債が増えればファイナンシャル・リスクが上昇したと認識して高いリターンを要求する。法人税がなく，完全な競争が行われ，適正な価格が形成されるために必要な条件を備えた完全市場の世界では，レバリッジをあげてWACCを下げることはできないのであって企業経営者は資本構成を変えるよ

うな手法では企業価値を変えることはできないということである。

(2) 最適資本構成

　MM理論は税金を考慮せず，また，市場参加者が常に同じ情報を共有し，無リスクかつ自由に資金の借入・貸付ができ，市場の需給不均衡は瞬時に解消されるという完全市場を想定していたが，現実の世界では法人税は存在し，市場は完全ではない。そのため企業価値が資本構成の影響を受けることが考えられる。それは，負債の節税効果と倒産コストを考慮した場合である。法人税がある世界では，債務が増えると節税効果が発揮されて企業はWACCを下げることができる。しかし，債務を増やすことは同時に，倒産コストというマイナスの面も生じる。節税効果をピザの例で説明すれば，法人税があってもなくてもピザの大きさは変わらないが，それをデットとエクイティと国家で分け合うことになり，この状態でデットを増やすと国家の取り分である税金を減らして少し投資家に取り戻すことができると言える。

　一方，倒産コストであるが，他の事情が等しいならば負債比率の高い企業ほど財務的に困窮する可能性が高く，それにつれて企業価値は低下することになる。つまり，次の式が成り立つ。

　　負債のある企業の企業価値＝負債のない企業の企業価値
　　　　　　　＋負債の節税効果－倒産コスト ……（式－19）

　ここから負債の節税効果と倒産コストが拮抗する割合が最適な負債と株式の割合，つまり最適資本構成となることがわかる。負債の活用には節税効果というメリットと倒産コストというデメリットがあると言え，節税効果と倒産コストによる最適資本構成の説明はトレードオフ（trade off）理論と呼ばれてより現実的とされ，最適資本構成の判断は企業経営者の定性的な判断に委ねられることが多くなる。

　こうした理論的な最適資本構成とは別に，取引を行う際，商品に関して売り手と買い手が持っている情報に差があるという情報の非対称性の問題に関連して負債と株式の構成が決まる面があり，これはペッキングオーダー（pecking order) 理論として知られている。例えば、「企業が資金調達を行う場合は、常に内部調達 → 有利子負債による外部調達 → 株主資本による外部調達」という順番になるというものである[6]。

これは、経営者が増資を思い立つ時は実際の株価が理論株価より高い時であり、投資家は株価が過大評価されているとして増資に応じない。一方、経営者は実際の株価が理論株価より安いと考えれば負債で調達しようと考える。しかし、負債の増大は倒産リスクが高まるため手元資金を使うことになる。結局、資金調達は、常に、内部留保 → 負債 → 株式の順番に行われる、というのがこの理論の骨子であり、その結果経営者はむやみに配当をせず内部留保をできるだけ高く積み上げようとすることになるとされる。

3 ペイアウト

(1) 配当による株主還元

企業は債権者への支払いを済ませた後、残りのキャッシュは配当として支払うことができる。また、市場に流通している自社株を買うことで株主にキャッシュを支払うこともでき、配当と自社株買いを合せてペイアウトや総還元と言い、先述の通り、それに関する方針をペイアウト政策と呼ぶ。そして、税金と取引コストを考えない場合、MM理論の配当無関連命題が成立し、ペイアウト政策は株価に影響しないとされる。

例えば、仮に株主が企業の保有する現預金を原資として配当を受け取っても、配当として現金が流出する分だけ会社内部に残存する価値は低下する。配当に相当する分だけ株価が下落するため、ペイアウトは株主の富に影響しないという配当無関連命題が成り立つとされる。この配当無関連命題が成り立つ場合は株主が特定の配当政策を好むことはない。また、有益なM&Aや投資プロジェクトがある場合でも内部留保とするか配当を行って負債調達とするかは株式価値に影響しないとされる。

しかし、現実には税金の影響があり、また、配当金支払いをめぐる債権者と株主の利害対立の問題もあるので配当無関連命題は成立しない。負債調達には

コストと時間がかかり，株式価値を低下させ，ビジネスチャンスを逃がすことになる。成長途中の企業やM&Aの機会に恵まれた企業はこうしたことを考えて配当を行わないこともある。米国では配当を行うと成長企業というイメージが崩れるとして無配を続ける経営者が多数存在する[7]。

また，成熟した企業は配当による利益還元を積極的に行うべきであるという説もある。成長期には投資を重視し，安定期から成熟期にかけては配当を重視するといった考え方はライフサイクル（life cycle）仮説と呼ばれている。

そして，企業の配当政策は機関投資家の株式保有規準の影響を受けることもある。年金基金や投資信託などの機関投資家は無配企業の株式投資を敬遠する傾向もある[8]。

現実の市場では配当を増やす増配のニュースが伝わると株価が上昇することがしばしばある。これは業績が予想以上に好調であり，企業は投資家の期待を上回る成果が出ると経営者が考えた時に増配に踏み切るのであって増配の発表は経営者の自信の表れととられ，その結果として株価は上昇するからと考えられる。配当政策が企業業績の将来に関するシグナルとなることから，これは配当のシグナル効果（signaling effect）と呼ばれる。

(2) **自社株買いによる株主還元**

自社株買いとは企業が既に発行した自社株を買うことであり，その対価としてそれに応じた株主に現金を支払うことからペイアウトに分類されており，米国と同様に，わが国でも，近年，自社株買いを行う企業が増えている。

完全市場では自社株買いを行っても企業価値の減少と株式の減少が見合いとなっており，自社株買いの前後で株式価値は変わらない。企業の余剰資金は自社株の購入代金だけ減少するが，発行済みの株数も比例して減少するので株価は変わらない。配当と同様に完全市場の下では株主価値に影響を与えない。

保有金融資産で自社株買いを行うと利益が変わらない場合株式数が減少するのでROEは上昇するが，投資家が合理的に行動するとすれば株価は変動しない。この理由は自社株取得によって金融資産が減少してリスクの高い事業資産の構成比が増えたことが株価に反映されるからとされる。つまり，ROEが上

昇してもそれが株価の上昇に寄与することはなく，単に株価収益率（PER：price earnings ratio）が低下するだけになると考えられる。しかし，現実にはこのようには行かず，自社株買いにも先述の情報の非対称性からシグナル仮説がある。自社株買いを発表した企業の株価は上昇することがあるが，これは株式市場が自社株買いを株価が割安と考えるシグナルとみなしていると考えられるからである。実際，多くの企業は自社の株価が下落してきたタイミングで自社株買いを発表しているように見え，これを自社株買いのマーケットタイミング仮説と呼ぶ。自社株買いを繰り返す企業の株価は割安な価格帯にあることが多いと言われており，そこを投資対象とすることを好む機関投資家もいる[9]。

第4節 コーポレート・ファイナンスの今日的課題

　コーポレート・ファイナンスの今日的課題としては，売上対比5％を上回るのが一般的とされるわが国の企業の現預金の多さがある。これは資本コストを考えると企業価値の毀損となっていると言えるだろう。米国の企業価値評価のテキストでは売上の2％を超える現預金は必要額を上回るとして余剰資産に分類するよう提案されている[10]。わが国では，近年，上場企業の約6割が実質無借金となっており，コーポレート・ファイナンスの知見を取り入れた企業経営が求められていると思われる。

〔参考文献〕
榊原茂樹・菊池誠一・新井富雄・太田浩司『現代の財務管理　新版』有斐閣，2011年。
島義夫『入門　コーポレートファイナンス』日本評論社，2010年。
砂川伸幸『コーポレートファイナンス入門＜第2版＞』日本経済新聞出版社，2017年。
中野誠『戦略的コーポレートファイナンス』日本経済新聞出版社，2016年。
松田千恵子『コーポレートファイナンス実務の教科書』日本実業出版社，2016年。

〔注〕
1)　中野，3ページ。
2)　松田，30ページ。
3)　島，78ページ。
4)　榊原・菊池・新井・太田，163ページ。

5) 同上，167ページ。
6) 松田，前掲書，52ページ。
7) 榊原・菊池・新井・太田　前掲書，239ページ。
8) 砂川，194ページ。
9) 同上，200ページ。
10) 島，前掲書，98ページ。

第8章　人的資源管理

はじめに

「組織は人なり」と言われるように，組織におけるヒトがその組織の発展に大きく影響を及ぼす。どんなに理論的で合理的な制度や手法を用いても，それを活かす人がいなければ，業績が上がらず，組織のミッション（mission；使命）を果たすことはできない。また，最終目標でもあるゴーイング・コンサーン（going concern；企業の存続可能性）のためには，人がその役割を果たすような仕組みが必要であろう。

言い換えれば，企業は人の強いやる気を引き出し，その能力を活かし，企業の発展と共に成長していける人をつくっていくことが必要となる。それを実現する人的資源管理（Human Resource Management；HRM）は，企業経営において最も重要であると言っても過言ではないだろう。

経営学において，人のことを「ヒト」とカタカナで表すのは，ヒト，モノ，カネ，情報，ノウハウといった経営資源のうちのヒトといわれる資源という意味を含めている。本章においてもヒトとカタカナで表すときは，経営資源としてのヒトを強調したいためである。

本章では，第1節の「人的資源管理とは」において人的資源管理の定義を示し，日本型人的資源管理と日本的人的資源管理について明らかにしていく。第2節ではヒトが働いていく上で重要な要因である「モチベーション，リーダーシップ，コミットメントの概念」を説明し，第3説で「人的資源管理における今日的課題」についての見解を述べる。

第1節　人的資源管理とは

1　人的資源管理の定義

　人的資源管理という表現は，それまで人事労務管理（Personnel Management または Personnel Administration）と呼ばれていた領域において1970年代後半から米国において急速に広まった呼称である。この背景となる理念は，人的資本理論（Human Capital Theory）と行動科学（Behavioral Science）や組織行動論（Organizational Behavior）という領域から構成されている。故に，HRMはそれまでの人事労務管理よりもより総合的な視点から考えるもので，ハーバード・ビジネス・スクールでは，「企業と従業員との関係のあり方に影響を与える経営行動の全てを統轄しているものである」と定義している[1]。したがってその研究領域は多岐にわたる。

　たとえば，1980年代後半から企業経営戦略との結びつきが重要視されるようになると，戦略的人的資源管理（Strategic HRM：SHRM）という表現も用いられるようになり，人的資源管理を企業の活動と結びつけて捉えるようになった。人的資源管理がシステムとして補完的に機能し，それが企業業績と適合すると，企業の高業績をもたらすと考えられた。このように，人的資源管理は組織における全ての側面と関係を持ち，それらを開発していくものである[2]。

2　日本型人的資源管理と日本的人的資源管理[3]

　1980年代後半以降の在米日系自動車産業に関する様々な調査を通して，チーム概念に依拠した作業組織と協調的労使関係を軸とする日本型HRMは効率よく高品質の製品を造り出す鍵とされ，その普遍性が認められた[4]。このようなブルーカラー（工場労働者）におけるHRMは日本発のものが認められたが，その一方で，ホワイトカラー（オフィス労働者）に対する海外日系企業におけるHRMに関する研究は，日本型HRMの概念規定や分析結果の間に隔たりがあるという問題点が存在した[5]。

日本企業におけるHRMは，正社員として入ってきた新入社員が「就社」契約をしていることが前提の仕組みである。これをメンバーシップ型と呼ぶ。それに対し，欧米企業は職務で採用される。ジョブ型である[6]。欧米企業では人の職務が明確になっているが，日本企業では人の職務は曖昧で，新入社員は現場を経験した後，適材適所という名目で配置される。その本質は，新卒一括採用によるヒトを企業が教育・訓練を行うことで戦力化し，長期間の勤続で教育・訓練のコストを回収していくということである[7]。これが日本企業で行われているHRM（日本的HRM）と考えられる。

第2節 モチベーション，リーダーシップ，コミットメントの概念

バブル経済崩壊した1990年以降，日本企業ではヒトの教育・訓練にコストがかけられない状態となり，終身雇用慣行も崩れつつある。「自己責任の時代」と言われるように，自分のキャリアは自分で考えないといけない時代へと突入した。このような状況においても，組織はヒトの心理面であるモチベーション，リーダーシップ，コミットメントを考えたHRM諸施策を行っていかなければならない。

1 モチベーション

組織のヒトに強いやる気を持って働いてもらうために，企業はどのようにしたら良いだろうか。人が働きたいと思う気持ちを欲求（動機）と呼び，この欲求を満足させようとして行動が導かれるプロセスをモチベーション（動機付け）と呼ぶ。

仕事の場面におけるモチベーションは，特にワーク・モチベーションと呼ばれる。組織における人のワーク・モチベーションを引き出していくことは，HRMの重要な課題である。人のモチベーションが引き出されるプロセスを説明しようとしたのがモチベーション理論である。

モチベーション理論は，大きく「内容理論」と「過程理論」の二つに大別される。図表8－1には，内容理論と過程理論の比較を示した。

図表8－1　内容理論と過程理論の比較

	内容理論	過程理論
焦点	動機の内容に注目	行動が引き起こされる過程（動機付け）に注目
行動への影響	行動への影響は間接的なので「遠い理論」（包括的）	持続的な努力が要求されるような行動を具体的に説明できるので「近い理論」（具体的）
代表的理論	欲求階層理論　衛生要因理論　内発的モチベーション　マクレランドの達成動機理論	期待理論　公平理論　目標設定理論　アトキンソンの達成動機理論

（出所）　白樫（2009）[8]を参照し作成。

(1) 内容理論

図表8－1に示したように，内容理論は，人の行動に影響を及ぼす動機の内容に主眼を置いている。すなわち，何が人の行動を方向付けるのかということである。他方，過程理論は，人がどのように動機付けられていくのかというメカニズムの過程を追っている。すなわち，人の行動はどのように維持，継続されるのかということである。内容理論の代表的な考え方は，「Ⅵ　経営管理」で説明されたマズローによる「欲求階層理論」であり，ハーズバーグによる「衛生理論」である。ここでは，マレー（Murray）による「内発的モチベーション」の概念について説明する[9]。

内発的モチベーション

モチベーションは，欲求の種類によって二つに分けられる。昇給，ボーナスなどの金銭的報酬や昇進，他からの賞賛といった外的報酬を目的に働くことを外発的モチベーションと呼び，仕事の達成感，仕事による成長感，仕事それ自体の楽しみ，自己実現といった内的報酬より働くことを内発的モチベーションと呼ぶ。内発的モチベーションの最も顕著なものは，マズローの主張する自己実現欲求によるモチベーションである。

デシ（Deci）によれば，達成感や充足感といった内発的モチベーションには，その根底に有能感と自己決定感への欲求がある。この有能感と自己決定感が高まると，内発的モチベーションは強まる。反対に，有能感と自己決定感が低下すると，内発的モチベーションは弱まる。

また，内発的モチベーションを持っている人に対して外的報酬を与えると，その人の内発的モチベーションを低下させることを実証した。簡単に言い換えれば，楽しみのためではなくお金のために行動するようになるということを示したのである[10]。

このようなことから，組織の人には生活の糧を得るための外発的モチベーションも必要であるが，長期的には人が働くことに充足感をみいだすことができ，自己成長を実感することができるような内発的モチベーションを促すHRMが必要であることが明らかである。たとえば，金銭的な報酬が達成の承認であるような場合，内発的モチベーションは効果的である。

報酬を含めて，HRMの目的は，組織の目的達成に貢献できるような人を育成すること，すなわち人のモチベーションを効果的に発揮できるように導いていくことである。外発的モチベーションと内発的モチベーションを組み合わせて，人による貢献を引き出していく仕組みや仕掛けをつくることがHRMである。

(2) 過程理論

過程理論の代表的な考え方は，期待理論と目標設定理論である。期待理論は，人がある特定の行動をとるモチベーションについて説明した。ブルーム（Vroom）が提唱し，ポーターとローラー（Porter & Lawler）の研究により発展した。目標設定理論は，目標が人の行動を規定すると考える。

① ブルームの期待理論[11]

ブルームの期待理論では，人がある行動をとるときのモチベーションの強さ（motivational force）は「期待（expectancy）と誘意性（valence）の積」で表せると考えた。「期待（E）」とは「特定の行為からある結果が得られると信じてい

る主観的確率」であり,「誘意性(V)」とは「ある行為がもたらす報酬の魅力」である。

これを式にすると,$M=\Sigma(E\times V)$となる。なお,上述の2要素に加えて,「道具性(1次的な結果と最終的な結果との関連性)」もモチベーションに影響を及ぼすとした。心理学では目標を達成するための手段を道具性(instrumentality)と表現する。それを表すと,結果の誘意性$(V)=\Sigma$(行動の道具性(I)×結果の誘意性(V'))となる。

例えば,組織の新事業チームに応募して頑張ってみることを期待理論で考えると,新たな技術を身につけることができるかもしれない。やり遂げれば内的報酬として達成感を得て,これからの自信に繋がるかもしれない。表彰や臨時ボーナスもあるかもしれない。しかし,仕事中心の生活で家庭を顧みる時間がなくなるかもしれない。体を壊すかもしれない。このようなさまざまな結果についての期待と誘意性の積がモチベーションの強さであり,それによりチームに参加するかどうかが決まる。

② ポーターとローラーの期待理論[12]

ポーターとローラーは,実際の組織では業績を上げることが必ずしも結果に結びつかないと考え,人がある行動をとるときのモチベーションの強さ(M)は3要因で決まるとした。まず「行動の結果である成果に対する誘意性」(V)があげられる。つぎに「成果をあげると報酬に結びつくという主観的確率」(I)であり,最後に「努力により期待される成果があげられる可能性という主観的確率」(E)である。どちらも100%でなくとも,モチベーションは維持されている。

これらのことから,モチベーションの強さ(M)は,「期待(E)」と「成果(I)」の積と「誘意性(V)」の積で表されると主張する。このことは,努力しても業績が上げられない場合,また業績を上げても報酬などに魅力を感じない場合には,モチベーションは生じない。生じたとしても,弱いものであろう。これを数式で示すと,以下のようになる。$M=E\times I\times V$である。さらに,報酬が複数あるとすると,$M=E\times \Sigma(I\times V)$である。

期待理論は，報酬の大小によって打算的に自らの行動を決定するという点において経済学のインセンティブ理論とも重なるところがあり，汎用性の高い理論である。

③　ロックとレイサムの目標設定理論

　目標設定理論では，目標を設定しない場合よりも，自己で目標を設定するか，もしくは，他者による目標が達成されれば，人はモチベーションを高め，業績を向上させると考える。

　ロックとレイサム（Locke & Latham）は，目標設定がモチベーションに効果的になるためには，以下の四つの要因が影響するとした。①目標は高く困難であることが必要である。目標の困難度とモチベーションは正の相関があるとされる。②目標は明瞭であることが必要である。曖昧な目標，例えば「頑張って売り上げを上げろ」と言われても，どのように頑張ったら売り上げが上がるのかがわからない。具体的に示された目標の方がモチベーションには高い効果がある。③目標は受容されていなければならない。やる前から①と②の目標が無理と判断されるような目標で，受け入れられていなければ，モチベーションにはプラスどころかマイナスに影響してしまう。④目標達成のプロセスで結果がフィードバックされることである。フィードバックのタイミングは，結果が出た後の早い時期の方がより効果的である[13]。

　このような目標設定理論を実践するには，目標管理（Management By Objectives：MBO）を導入していけば良いのであろうか。目標管理では，マネジャーが部下を参画させ目標を設定し，その目標をどの程度達成したのか，その成果の度合いで報酬が決まる。目標達成欲求を満たすことがモチベーションに繋がる。それに対して，目標設定理論では，目標を立てることが内発的報酬に繋がるためモチベーションが高まる。異なる点があることを理解しておく必要がある。

　以上，期待理論と目標設定理論からは，欲求，外発的報酬，内発的報酬，期待，目標，フィードバックといった要素がモチベーションに影響することが示

された。HRMはこのようなモチベーションの要素を考えながら，人のモチベーションを上げていく仕組みを構築する必要がある。

2　リーダーシップ

「人が集団や組織の中で目標を達成しようとしてなされる諸活動に影響を与える過程」がリーダーシップである[14]。リーダーシップは，リーダーだけでなくメンバーも発揮できるものである。チームを導いたり，他のメンバーを励ましたりと，組織を構成するメンバー（またはリーダーに対応して「フォロワー」）に影響を与えるという点からみれば，メンバー全員がリーダーシップを発揮する可能性を持っている。しかし，リーダーシップの議論となると，マネジャーという地位に就いている場合を想定している。組織におけるマネジャーの役割が重要なためである。

(1) 特性アプローチと行動アプローチ

リーダーシップ研究は，大きく五つの時期に分けられる。図表8-2には，リーダーシップ研究の歴史的変遷を示した。

図表8-2　リーダーシップ研究の歴史的変遷

時期	アプローチ	考え方
1930年代～	特性アプローチ	優れたリーダーはどのような特性を備えているのか。
1940年代後半～ 1960年代後半	行動アプローチ	優れたリーダーはどのように行動しているのか。行動に焦点を当てて探る。
1960年代後半～	コンティンジェンシー・アプローチ	リーダーの行動はさまざまな状況により変化するという立場に立つ。
1980年代～	認知論的アプローチ	認知心理学的な視点が取り入れられるようになる。リーダーやメンバーの認知プロセスや情報処理プロセスが明らかになった。
1980年代後半～	変革アプローチ	組織変革を目指したリーダー行動が注目された。

（出所）　山口・金井編（2007）[15]を参照し作成。

1930年代に主流であった特性アプローチには二つの立場がある。一つは、どのような特性を持った人がリーダーとして選ばれるかであり、もう一つは、どのような特性を備えたリーダーが高い業績をあげるのかである。このようなリーダーの特性を整理したストッディル（Stogdill）は、リーダーに求められる特性は、そのリーダーが率いている集団や組織の特徴によって決まるとした[16]。

行動アプローチは、リーダーシップ特性論とは逆に、「リーダーとは作られるものである」という前提で、リーダーとそうでないものの行動の違いに着目した。これは、第二次世界大戦中及びその直後に、主にアメリカで軍隊・産業において潜在的なリーダーを発掘、訓練する必要性から発展していったためである。行動アプローチでは、ミシガン研究とオハイオ研究という二つの主要なアプローチがある。図表8－3には、ミシガン研究とオハイオ研究を示した。

図表8－3　ミシガン研究とオハイオ研究

	ミシガン研究（リカートを中心としたミシガン大学のグループ）	オハイオ研究（ストッディルらオハイオ州立大学のグループ）
時期	1940年代から1950年代	1950年代
調査内容	高業績部門のリーダーと低業績部門のリーダーを比較	リーダーの行動を部下から収集して「リーダー行動記述調査票」を開発
結果	部下を信頼して仕事を進める「従業員中心型」のリーダーの方が、細かな指示や管理を重視する「仕事中心型」のリーダーよりも、職場の生産性と職務満足を高めることを明らかにした。	リーダーの行動は、「構造づくり」行動と「配慮」行動の2因子から構成されていることを明らかにした。2因子は、別々の独立した次元あり、どのように組み合わせるかによって有効なリーダーシップは決まってくる。

（出所）　山口・金井編（2007）[17]を参照し作成。

① ミシガン研究

高業績をもたらす有効なリーダーシップは、従業員中心型であるとされた。仕事中心型のリーダーの場合、職場の生産性は向上するものの、それが緊張とプレッシャーにつながり、メンバーの職務満足を低下させる。それに対し、従

業員中心型のリーダーは，職場の生産性と従業員の職務満足の両方を高めることを明らかにした。

② オハイオ研究

リーダーシップには，仕事志向的な「構造づくり」行動と人間志向的な「配慮」行動といった2因子があることが発見された。構造づくりは，リーダーが業務，業務関係，目標を組織的にまとめようとする行動である。配慮は，リーダーと集団間の信頼ある温かさを示す行動で，親しみやすく，すべての部下を平等に扱うとされている。

この2因子は，別々の独立した次元であり，両者をどのように組み合わせるかによって有効なリーダーシップは決まってくる。2因子の両方が高いリーダーの下で，フォロワーの仕事達成と満足度は共に高いことが報告されている。しかし，例外も多く（例えば，配慮の高さは上司によるリーダーの業績評価と反比例する等），状況要因をこの理論に組み込む課題も見られた。

(2) コンティンジェンシー・アプローチ

1970年代に入ると，コンティンジェンシー・アプローチが主流となった。全ての状況に適応されうる唯一最善の普遍的なリーダーシップ・スタイルは存在せず，リーダーの特性や行動の効果はさまざまな状況によって変化すると考えられるようになった。フィドラー（Fiedler）は，高業績をあげるリーダーの有効性は，リーダーのもつパーソナリティ（特に欲求構造）と，リーダーが特定の状況でどれだけ統制力や影響力を行使できるかという状況要因に依存すると主張した[18]。

リーダーシップを発揮する状況要因は，状況好意性という概念で示され，以下の3側面を定義する。①リーダーとメンバーの関係（リーダーとメンバーがお互いに信頼し合っているか），②タスク構造（メンバーの仕事が単調であるかどうか），③権限の地位（リーダーが十分なパワーを持っているかどうか）である。これら3要因の高低の組み合わせによって，リーダーにとっての状況の好ましさが出てくる。3要因が高い場合にはリーダーによってリーダーシップを発揮しやすい状況となり，低い場合にはリーダーシップを発揮するには不利な状況になると

提唱している。

(3) 認知論的アプローチ

1980年代に入ると，リーダーやメンバーの認知的側面を重視するようになった。認知論的アプローチは，リーダーの行動は，メンバーや状況についてのリーダーの認知により変わると考える。ミッチェル（Mitchell）らは，リーダーの行動は，リーダーがどのようにメンバーの行動や業績の原因について判断するかによって変わることを説明した。リーダーは，メンバーが引き起こした結果や状況を知って，何故それが起きたのか，その原因に関する情報検索を行う。リーダーは情報分析を行って，原因を判断する。この原因帰属に応じて，リーダーはメンバーに対する働きかけを行う。これを原因帰属理論と呼ぶ[19]。

(4) 変革アプローチ

1980年代後半以降，グローバル化の進展に伴う経営環境の変化に対応するために，組織は変革していくことを余儀なくされた。このような組織変革の重要性が高まるにつれて，変革アプローチに注目が集まるようになった。

組織目標達成のために，組織内のメンバーへの働きかけを行うリーダーの行動は，交流型リーダーシップと言われ，従来のリーダーシップ論がこれに当てはまる。それに対して，バス（Bass）は，組織の構造や部下の価値観に変化を引き起こすリーダーシップを変革型リーダーシップと呼んでいる[20]。

変革型リーダーシップは，以下の4要素から構成されている。①理想的影響（これはリーダーのカリスマ性を意味する），②モチベーションの鼓舞（リーダーがメンバーに変革への重要性を強調し，そのビジョンを共有することで，実現へ向けてのモチベーションを醸成させる），③知的刺激（メンバーの考え方や視野に刺激を与える），④個別的配慮（個々のメンバーに適切なアドバイスを行う配慮的行動）である。

バスとアボ（Bass & Avolio）は，交流型リーダーシップでは期待された成果しかあげることはできないが，変革的リーダーシップにより「期待以上の効果」をあげることができると指摘している。両方を持つのが望ましいということである[21]。

リーダーシップ理論の変遷をみてきたが，リーダーシップ研究が議論されるのは，リーダーシップは，組織目標達成に向けて人が活躍できるように，組織とHRMの接点として機能しているためである。

3 コミットメント

組織のHRMにとって，組織構成員の仕事への関わりは重要な要因である。個人の仕事への関わりは，ワーク・コミットメント（Work Commitment）と呼ばれる。モロー（Morrow）によれば，ワーク・コミットメントは五つに分類できる。労働観としてのコミットメント，労働組合へのコミットメント，職務へのコミットメント，組織へのコミットメント，キャリアへのコミットメントである[22]。ここでは，実務上最も重要性が高いと言われている組織へのコミットメント（組織コミットメント）とキャリアへのコミットメント（キャリア・コミットメント）を取り上げる。

(1) 組織コミットメント

仕事に対する満足度に関連する概念として，組織コミットメントがあげられる[23]。組織コミットメントが高いと高い職務満足を導く。また，そのような組織コミットメントは結果的に出勤率，従業員定着性，業績を高める。したがって，組織のHRMにとって，人の組織コミットメントを向上させることは重要な課題である。

組織コミットメントにはさまざまな性質があるが，それらは大きく情緒的コミットメントと功利的コミットメントに分けられる。情緒的コミットメントとは，組織に対する愛着であり，組織の理念やビジョンへの共感である。また，情緒的コミットメントには，職場の上司，同僚といった職場の人間関係も含まれる。情緒的なコミットメントの高い人は，組織目標や価値観との一体感を持っていると言える。

功利的コミットメントとは，組織と個人の利害関係を意味している。個人が組織にコミットメントを持つのは，経済的な報酬を提供してくれるからである。この側面は，マズローの生理的欲求・安全欲求，衛生要因，期待理論と繋がる

コミットメントと考えることができる。

　情緒的コミットメントと功利的コミットメントはお互いに独立しているのではなく，相互に高める作用がある。具体的には，経済的な報酬の必要性から組織と関わるようになったとしても，時間の経過とともに組織に対する愛着が生じ，情緒的コミットメントを高めていくこともある。

　上述してきた組織コミットメントは，業績や生産性を向上させ，欠勤や遅刻など，仕事から逃避する行動を抑制するだけでなく，自分の仕事以外にも目を向け，周りの人々を援助し合ったり，協力し合ったりする役割外行動に影響を与える。したがって，組織で働く人の組織コミットメントが高まると，仕事に対する責任感も増し，周りの人々と協力しながら仕事を進める傾向が生み出されてくる。組織にとってたいへん望ましいことである。

　しかし，その一方で，組織コミットメントが強すぎると，組織の利益を優先し過ぎたり，不都合なことを隠したりして，社会に悪影響を及ぼす可能性も出てくる。ミクロレベルでは，組織優先で家庭生活を崩壊させてしまうこともある。組織コミットメントのバランスが必要である。

　組織が目的を達成するには，上述してきた人の組織コミットメントが重要であるが，組織も人に対してコミットメントを持つことが必要である。人の育成，人の生活の質を向上できるような諸施策を提供していくというサポートをしていかなければならない。この概念を組織サポートと呼ぶ[24]。

(2) キャリア・コミットメント

　組織コミットメントが組織に対するコミットメントをあらわす概念であるのに対して，キャリア・コミットメントは，例え会社を変わっても一生を通じて追求する専門分野への志向性をあらわす概念である。キャリア・コミットメントの定義は，「専門を含めた，自分の職業への態度」であり[25]，日本では「職業・専門分野に対する関心や思い入れの強さ」である[26]。現在，専門職志向が高まっているとともに，キャリア・コミットメントを重視する傾向が強くなっている。

　キャリア・コミットメントは，自発的な技能の開発や転職意図を予測するこ

とが示されている。またキャリア・コミットメントの高い人がキャリア開発の機会を高く知覚すると退職意図は減少するが，キャリア・コミットメントの低い人の場合は，かえって退職意図を高めるという結果がある。

　キャリア・コミットメントと同様に，専門分野や職業に対する個人の態度や心理的愛着の程度を測定するに，プロフェッショナル・コミットメントという概念がある。プロフェッショナル・コミットメントとは，自分を専門分野と同一視する程度，専門分野の発展のために積極的に努力しようとする意志の強さ，専門分野に留まりたいと思う度合い等である。

　モローとヴィルト（Morrow & Wirth）によれば，プロフェッショナル・コミットメントは限られた専門職にのみ活用可能であり，広く職業一般には適用しにくい。それに対して，キャリア・コミットメントは，一般的なキャリアという概念を代表し，広範な職業に活用可能であると考えられる。どちらもホワイトカラーを中心としている[27]。

　近年，日本型HRMに自分のライフスタイルに合わせて働き方を選択できる自己選択型制度（ジョブ支援制度とも言われる）が取り入れられるようになってきた。このような自己選択の機会を提供するHRM諸施策に対する満足は，組織の人に情緒的組織コミットメントを高める効果をもつ[28]。これはキャリアも自己責任の時代であることを示すだけではなく，組織コミットメントとキャリア・コミットメントを同時に考えていく必要性を示唆している。働き方の多様性に関するHRMの重要な課題である。

第3節　人的資源管理の今日的課題

　組織の持続可能性のためには，組織における人のモチベーション，リーダーシップ，コミットメントを考えたHRMが必要である。本章では，そのための理論を示してきたが，それら理論の多くは米国で考えられたものである。個人で行動するように育てられる米国人とチームワークによる助け合いを教育され

る日本人に，同じように行動することを求めて良いのであろうか。

　「機会の平等」が重要と考える人が多い米国と，その一方で日本のように「結果の平等」を重視するような人が多いと考えられる国では，成果主義に対する考え方も異なるのではないだろうか。成果主義とは，一般では成果で決まる部分（割合）が多い賃金体系を指すが，日本人と米国人ではその割合に対する考え方が大きく違うかもしれない。また，開発途上国出身者は，母国の社会経済状況が念頭にあると仮定すると，日本人と比較すると外発的報酬（または外発的モチベーション）の占める部分が大きいかもしれない。このような価値観の違いを考え，HRMはどのような施策をとるのが良いのか。近年，ダイバーシティ（Diversity & Inclusion；多様性を受容する）がHRM研究の課題として大きく取り上げられているのは当然のことと考えられる。

　ダイバーシティとは，組織内や社会におけるスタンダードにとらわれず多様な属性や価値・発想を取り入れることで，「多様な人材を活かす戦略」と定義される。具体的には人の属性における多様性と人の価値観や生活スタイルの多様性の二つの視点から考えることができる[29]。

　企業がグローバル化の進む社会で存続していくためには，多様な変化（顧客，消費者，株主，労働者等による変化）に柔軟に対応していかなければならない。そのためには，人の属性における多様性は考慮すべき重要なHRMの課題である。また，組織が優秀な人を求めるのであれば，人の個々の事情やニーズに合わせて多様な働き方を選択できるHRM諸施策を考え，対応していなければならない。第2節における「3．コミットメント」でも述べたが，人が自己選択のできるHRM諸施策は，人の情緒的コミットメントを高めるということからも明らかである。そのためには，ダイバーシティを受け入れる組織風土を醸成した上で，ダイバーシティに対して公平なシステムを構築していく必要がある。それが現在話題となっている「働き方改革」へと繋がってくる。

　人の考え方はさまざまである。目標達成のために，長時間でも仕事をしたいヒトもいれば，家庭や趣味に時間を使いたいヒトもいる。ワーク・ライフ・バランスのバランスの取り方はそれぞれであるが，ディーセント・ワークス

（Decent work；働きがいのある人間らしい仕事）が根本になければならない。それ故，グローバル化が進めば進むほど，人的資源管理は難しく複雑になってくる。

〔注〕
1) 加藤里美 「第8章日本企業の女性活用 －ダイバーシティ・マネジメントへ向けて－」櫻井克彦編著『現代経営学 －経営学研究の新潮流－』税務経理協会，2006年，194ページ。
2) 加藤里美「経営ジャーナル 人的資源管理とその今日的課題」朝日大学経営学部『Forum』vol. 33，2005年6月1日発行，6ページ。
3) 「日本的HRM」と「日本型HRM」については，第1章 第4説を参照。
4) 井上詔三・加藤里美「在米日系企業の人的資源管理：電子電気機器メーカー・S社の事例研究」『日本労務学会誌』 1(2)，1999年，45－55ページ。
5) 加藤里美「米国日系企業におけるホワイトカラーの人的資源管理：電子電気機器メーカーとソフトウエア企業の事例から」『経営教育研究』5，2002年，147－163ページ。
6) 海老原嗣夫『お祈りメール来た，日本死ね「日本型新卒一括採用」を考える』文芸新書，2016年，86ページ。
7) 高木晴夫監修『人的資源マネジメント戦略』有斐閣，2004年，7ページ。
8) 白樫三四郎編『産業・組織心理学への招待』有斐閣ブック，2009年，15－16ページ。
9) Murray, E. J.『動機と情緒』岩波書店，1966年，98－118ページ。山口裕幸・金井篤子編『よくわかる産業・組織心理学』ミネルヴァ書房，2007年，28ページ。
10) Deci, E. L. "Effects of externally mediated rewards on intrinsic motivation" Journal of Personality and Social Psycholigt, 18, 1971, pp. 105－115.
11) Vroom, V. H.『仕事とモチベーション』千倉書房，1982年，217－305ページ。山口裕幸・金井篤子編 前掲書，32ページ。
12) 奥林康司・上林憲雄・平野光俊『入門 人的資源管理』第2版，2010年，23ページ。
13) 上林憲雄編著『人的資源管理』中央経済社，2016年，99－100ページ。
14) 外島裕・田中堅一郎編『産業・組織心理学エッセンシャルズ』ナカニシヤ出版，2000年，134ページ。
15) 山口裕幸・金井篤子編 前掲書，121ページ。
16) Stogdill, R. M. "Personal factors associated with leadership：A survey of the literature", Journal of Psychology, 25, 1948, pp. 35－71.
17) 山口裕幸・金井篤子編 前掲書，125ページ。
18) Fiedler, F. E.『新しい経営管理者像の探求』産業能率短期大学出版，1970年，51－87ページ，247－296ページ。山口裕幸・金井篤子編 前掲書，128ページ。
19) 山口裕幸・金井篤子編 前掲書，132ページ。

20) 山口裕幸・金井篤子編　前掲書，136ページ。
21) Bass, B. M. & Avolio, B. J. "The implications of transaction and transformation leadership for individual, team, and organizational development. esaearch in Organizarional Change and Development, 4, 1990, pp. 231-272.
22) Morrow, P. C., "Concept redundancy in organizational research: The case of work commitment", Academy of Management Review, Vol. 8, No. 3, 1983, pp. 486-500.
23) 上林憲雄編著　前掲書，117-121ページ。
24) Eisenberger, R., Huntington, R., Hutchison, S. & Sowa, D. "Perceived Organization Support", Journal of Applied Psychology, Vol. 71, No. 3, 1986, pp. 500-507.
25) Blau, G. J., "The measurement and prediction of career commitment", Journal of Occupational Psychology, Vol. 58, No. 4, 1985, pp. 277-288.
26) 日本労働研究機構「組織の診断と活性化のための基盤尺度の研究開発　-HRMチェックリストの開発と利用・活用-」『JIL調査研究報告書』2003年，64ページ。
27) Morrow, P. C. & Wirth, R. E., "Work commitment among salaried professionals", Journal of Vocational Behavior, Vol. 34, No. 1, 1989, pp. 40-56.
28) 松山一紀「HRM施策に対する知覚と組織コミットメントの関係　-松下電器産業（株）を事例として-」『經濟論叢』181(1), 2008年，39-60ページ。
29) 加藤里美「第Ⅱ部　企業の社会的責任とジェンダー・ダイバーシティ　-女性活用・登用促進は重要な経営課題-」柴山宮惠子他著『生き延びる消費者　生き延びる経営』成文堂，2008年，102-103ページ。

第9章　企業の社会的責任と経営倫理

はじめに

　企業の社会的責任（Corporate Social Responsibility, CSR）は現代の企業経営においてもはや欠かせない概念になっているといえる。今や投資の観点や戦略的な観点においても，それぞれCSRから派生した概念であるESG（Environment, Social, Governance：環境・社会・統治）投資やCSV（Creating Shared Value：共有価値の創造）の手法抜きには語れなくなりつつある。CSRへの取り組みなくして，企業の存続は覚束ない時代になってきたのである。

　それでは企業がCSRを果たしていかなければならない根拠は何処にあるのか。本章ではその根拠を明らかにしようとした「企業体制発展の原理」[1]に沿う形で，CSRについて論じる。またCSRの土台には経営上・商売上における倫理観，即ち経営倫理がある。日本におけるCSRの源流には日本独自の経営倫理ともいうべき理念があり，その中心的な概念である石門心学をはじめとした倫理観を紹介する。そして現代のCSRの動きに触れながら，今後のCSRの展望を探る。

第1節　企業の社会的責任

1　企業体制発展の原理

　「企業体制発展の原理」は，山城章によって唱えられた，「企業体制論」の原理で，「生業・家業」→「人的企業」→「資本的企業」→「現代的企業」（その在り方としての「経営自主体」）へ順に体制発展すると説かれる[2]。体制発展により自主性を高めていき，「経営自主体」という企業の在り方を目指すのであるが，その過程において社会的責任を果たすための根拠が示される。

(1) **生業・家業**[3]

　企業は原初から企業として登場したわけではない。即ち企業以前の体制として，「生業・家業」と呼ばれる体制から始まる。いわゆる個人商店の類であり，「主人」と呼ばれる経営者が自ら及び家族の生計を立てるために営むものである。つまり家計と経営が一致しており，また生活の場と仕事の場も同じというケースが圧倒的に多い。「主人」は商店の大半ないし全ての出資者であるが故に商店の主体的な地位にあるが，自ら仕事場に立ち，必要性が生じない限り極力従業員も雇わない（家族を従業員として雇うことは多い）。また「主人」の言動は絶対的であり，合理主義とは程遠い体質である。

　基本的には生計を営むことができる範囲で商品を生産・販売する体制であるが，同業の競争相手が登場した場合に競争が発生する。初めは生計を何としても維持しようという動機が生じ，そこから生産能力を拡大することで販売量を向上させ，相手を圧倒しようという動きを見せる商店も出てくる。競争の結果生き残った商店が，次の「人的企業」へと体制発展するのである。

(2) **人的企業**[4]

　この段階で「企業」と呼べる体制へ発展したといえる。即ち競争に勝つためには生産能力の拡大が求められるが，そのための投資を賄うには「主人」やその身内の財力のみでは限界がある場合が多い。そこで身内以外の人物にも出資してもらう仕組みとして，「会社」制度を本格導入することとなる。出資者にメリットがあれば出資に踏み切るのであり，その誘因を利用していよいよ企業として継続的な事業を展開することになる。

　この体制における「企業」は19世紀的な意味でのそれであり，生産能力向上によって単なる生計維持分以上の余剰生産力を取得したことを前提として，生産した商品を販売することによる利益の獲得が企業目的となる。ここに「家計」と「経営」は分離することとなり，企業は仕事の場としての性格が強まる。そして複数人の出資体制となるが，「主人」は企業の最大の出資者であれば経営者の立場に収まり，いわゆる「資本家」としてその企業の主体となる。現場作業の仕事は雇用した従業員に任せ，資本家は経営と管理の仕事に専念する

（資本と作業の分離）。

　人的企業の「人的」とは，その企業の経営者の属人性に企業全体が左右されるという意味であり，経営者たる資本家の言動が企業全体に反映される。必ずしも合理主義的とは限らず，いわゆるワンマン経営の体制といってよい。日本の中小企業によくみられる企業体制といえる。この時点では資本家の私有財産的な性格が強い。そして更なる成長を求めて企業規模を拡大すべく資本増強を繰り返していくうちに，次の「資本的企業」へと体制発展することとなる。

(3) **資本的企業**[5]

　企業が幅広く資本を集めるためには株式会社制度の導入が有効である。株式会社における出資者の利点としては，有限責任制度であること，および株式譲渡の自由が株式市場で保障されていること（上場会社の場合）が挙げられる。これらの利点は従来の企業形態に比べて出資リスクを抑える特徴があり，出資のし易さにつながる。そして出資者は目的があるが故に企業の発行する株式を取得するのであるが，その目的こそが株主となった出資者にもたらされる利潤である。即ち株式会社制度を本格的に導入することにより，出資者の投資意欲を掻き立てて幅広く資本を集めることができる。その上に成立する企業体制こそ「資本的企業」である。

　資本的企業の主体は引き続き大株主（発行株式の過半数以上所有）たる資本家であり，資本家の目的は私的利潤の追求にある。更に資本家以外の出資者（株主）もまた利潤追求を目的として株式を購入するのであり，企業全体として合理的に利潤を追求することのみが企業目的となっていく。裏返せば利潤につながらない仕事は行わないことを意味する。故に19世紀的企業観における企業像の究極型といえる。なお企業規模の拡大に伴い，資本家は管理の仕事をも部下に委譲し，自らは最高経営の仕事に専念することとなる（資本と管理の分離）。しかし更に企業規模が拡大すると，また新たな企業体制へと発展するのである。

(4) **資本と経営の分離**[6]

　企業は更に発展を目指すために資本増強を続けていくうちに，資本家の持株比率が低下していく現象が起こる。即ち一般株主が大量に参入する一方で，大

株主である資本家はその持株比率を維持することが困難になる。持株比率を維持できるだけの株式を自らの資産で買い支えられればこの限りではないが，一般的にはその企業の経営権を自動的に確保できる，総発行株式の過半数以上保有という条件を維持できなくなる。この現象を株式分散の高度化という。

　他方では企業の発展に伴い，経営の仕事自体が高度かつ複雑なものとなっていく。個人商店の経営と大企業の経営ではその難度は格段に異なることはいうまでもない。これまで経営を担ってきた多くの資本家にとって，能力的に手に負えなくなってくるのである。無論経営能力にも長けた資本家の場合はその限りではないが，明らかに能力不足の資本家にとっては経営の仕事自体が重荷になってくる。まして株式分散の高度化により自らの会社における影響力は低下の一途をたどっており，経営という仕事に対するモチベーションが下がってしまうことは避けられない。

　やがて資本家は経営の仕事を，専門経営者という経営のプロフェッショナルに委譲し，自らは一株主の座に退くこととなる。株主としては利潤追求という資本家本来の目的に専念できるので，収まるべき所に収まったといえる。この一連の現象を「資本と経営の分離」または「所有と経営の分離」と呼ぶ。これを受けて経営の仕事を専門経営者が担うことによって，企業の目的と主体が根本的に変わり，更なる体制変化が起こるのである。

(5)　現代的企業（その在り方としての経営自主体）[7]

　資本家が経営権を専門経営者に委譲することにより，企業体制は「現代的企業」なる体制へと発展する。専門経営者は経営のプロフェッショナルであり，経営という機能を担う存在であるが，企業の主体とまでは位置づけられない（経営という機能の担当者に過ぎない）。また専門経営者に課せられた仕事は，自らが経営する企業を存続・発展させること，即ちゴーイング・コンサーンの実現である。従来までの企業目的であった利潤追求はその手段に過ぎなくなる。これは企業規模が拡大し，企業自体が社会に与える影響力が格段に増したこと，また企業に関わる利害関係者が増大したことから，潰れることが許されなくなったためである。

現代的企業は自らの在り方としての「経営自主体」を目指す存在である。経営自主体の特徴として，①経営体そのものの成長発展を目的とし，その目的を生産性と呼ぶ，②この活動のため経営体は組織を形成し，この組織は機能的組織・責任の組織・主体的組織であることに特性がある，③経営体自体が生きものであり，自らの生活の持続と成長をはかる，④このような経営体は，生きた活動主体であるために，対内的には合理的なマネジメントを採用するが，同時に対外的には対境活動を営む，といったことが挙げられる。現代的企業は「経営自主体」と完全にイコールとまではいえないが，自らに不足している部分を克服して「経営自主体」に近づこうとする存在である。そして現代的企業は「生きた活動主体」である「経営自主体」を目指すことで，自らが主体としてゴーイング・コンサーンの実現を図る。このゴーイング・コンサーンの実現のためには，社会のためになる財・サービスの生産者としての一つの制度的な役割を果たすことが求められる。ここに企業がCSRを果たす根拠が生まれるのである。

(6) 経営自主体における「責任」[8]

　経営自主体としての企業は前述の通り機能的組織・責任の組織・主体的組織であり，対内的には合理的なマネジメントが営まれる。経営自主体においては，生産活動を円滑に進めるために，それぞれの仕事を担うための機関が設置される。各機関をそれぞれの専門家－プロフェッショナル－が担当し，仕事は機能的に果たされることとなる。この各専門家が仕事を果たすことを「職務」と呼び，職務を達成し続けることが責任（responsibility）となる。即ち経営自主体においては各機関の専門家が機能的に職務を果たし続けることで生産活動が充実化していくのであり，それはマネジメントの仕事も同様である。経営自主体はマネジメント機能主義が貫徹しており，これに従えば経営者の責任とは，自らのマネジメントの仕事をプロとしてよく達成することであり，その結果として社会に貢献することである。また失敗した場合はその原因を究明した上で次の職務に反映させるフィードバックが働くこととなる。

2　現代的企業のCSR

現代的企業は自ら主体としてゴーイング・コンサーンを目指す際に，社会が求める財・サービスの生産者としての役割を担う，一つの社会的制度として活動する。即ちそれはCSRを果たすことを意味するのであるが，そのCSRは社会性責任・公益性責任・公共性責任の三種類に分類される。

(1)　社会性責任[9]

社会性責任とは，社会が求める財・サービスを円滑に提供すべく，企業の生産体制を充実させる責任である。ここでいう生産とは，商品（即ち財・サービス）を生産するにあたっての一連の活動であり，企業活動そのものといっても過言ではない。企業の組織内では生産体制を向上すべく合理的なマネジメントを貫徹し，生産体制に必要な各機能を充実化する（機能主義の貫徹）。その結果良質な財・サービスが社会に供給され，社会はそれを消費することによって利便性を高めることができるのである。逆に欠陥品が出荷されたり，公害がもたらされたりすることは，生産体制のどこかに瑕疵があることを意味するのであり，社会性責任を果たしているとはいえない。またこの社会性責任は社会に対する責任であると同時に，企業自らの内部体制を充実化させることでもあり，対内的責任と位置づけられる。社会性責任は，経営者を始めとした各専門家の職務が全うされ続けることによって果たされる。企業は経営（自主）体という一つの仕事的人集団社会を目指しており，社会性責任を果たすことは社会のニーズに応えることだけでなく，経営体という一社会自体を充実化させ，経営自主体に更に近づくのである。

(2)　公益性責任[10]

公益性責任とは，企業を取り巻く様々な利害関係者（stakeholder　ステイクホルダー）との関わり合いにおいて，彼らからの利害要求に対して企業自ら主体的に円滑に利害調整する責任である。企業は大企業化すればするほど社会との接点が増大し，企業と関わる利害関係者の数もまた増えていく。これら利害関係者は大なり小なり何らかの利害を企業に求めてくる。ここに利害関係者と企業との間に対境関係という利害関係が成立する。対境関係とは利害をめぐって

第9章　企業の社会的責任と経営倫理

せめぎ合う厳しい関係であり，企業自身一つの生活持続体として利害を主張し，利害関係者もまた同様である。但し一方が他方を一方的に駆逐するだけでは後味の悪さを残すだけであり，何らかの形で最終的には両社とも相互調和・理解に至るP・R（public relations）の関係を目指すことに対境関係の特徴がある。そのことから，様々な利害関係者（例として株主・従業員・取引先・消費者・政府や地方自治体・地域社会・国際社会など）からそれぞれの利害が主張され，また企業自らも己の存続のために利害を主張し，最終的には企業自らこれらの利害を円滑に調整してP・Rの関係を目指すことが公益性責任を果たすこととなる。この利害調整の際には特定の利害関係者のみ優遇するのではなく（「資本的企業」の場合は明らかに株主偏重だった），全ての利害関係者にとって公平（平等では無い）かつ納得のいくやり方で調整を図っていくことが重要である。公益性責任はこの様に利害関係者という外部との関わり合いにおいて果たすべき責任であることから対外的責任と位置づけられる。なおこの公益性責任を果たす際に自らの利害を主張することは，企業自ら一つの利害関係者として生命ある生活持続体（経営体）であり続けるために必要であり，それは対内的充実を図る社会性責任を果たすことにもつながるのである。

(3)　公共性責任[11]

公共性責任とは，企業のみならず社会生活を営む全ての者に根底として存在し，「してはならぬ」要求，即ち法や社会的規範に反しない，また公共の秩序を維持し他者に害を与えないといった責任である。これはあらゆる行動において貫徹すべき責任であり，企業においては公害を起こさないこと，欠陥品を流通させないこと，コンプライアンスを遵守すること，会計不正を行わないこと等が挙げられる（社会性責任と被る面もあるが，公共性責任は予防的な行動規範としての性格が強い）。また国や地域によっては公共性責任に該当するケースとそうでないケース（例としてイスラム圏では豚肉料理が禁止といったことが挙げられる）があり，海外ビジネスを展開する上でも見逃せない責任といえよう。この公共性責任は社会生活上の規範・モラルとしての性質上対外的責任と位置づけられる。

現代的企業はこの三種類のCSRを果たすことが求められる。先ずは経営自主体を目指す企業は自らの生産体制を充実化させる社会性責任を果たし、その促進のために公益性責任及び公共性責任を果たすのである。そしてこの三種類の責任は、経営という機能を果たす専門経営者が経営の仕事において統合して果たしていくのである[12]。

第2節　経営倫理

1　石田梅岩の「石門心学」

　近年日本におけるCSRの源流として、「石門心学」や「三方良し」などの江戸時代に誕生した商売倫理が注目を集めつつある。「現在あるものは、歴史とともにある」[13]のであり、過去からの歴史的蓄積の結果日本におけるCSRの現在があるともいえる。それ故、江戸時代の商売倫理（現代風にいえば経営倫理）を振り返ることは、日本におけるCSRの原点を見つめ直す意義があろう。

　取り分け注目すべき商売倫理として、石田梅岩（1685-1744）によって確立された「石門心学」が挙げられる。石田梅岩は京都の商家で奉公を続けて番頭に上り詰めたほど商売の実践経験を勤勉に積んだ最中、「人の人たる道」を追い求めて独学で神道・仏教・儒教を学んでいった。やがて44歳の時に京都の自宅にて無料のゼミナール式講座を開催するようになり、商人のあるべき姿を説き続けてきた成果として弟子により「石門心学」という形で体系化に至っている[14]。

　「石門心学」は梅岩自身が「人の人たる道」とは何かを追い求め続けてきた問題意識が原点としてある。商売の世界に身を置いた梅岩にしてみると、自分の人生観と仕事の価値観の一致を限りなく追究することに心血を注いできた。その土台には自らに厳しい倫理観や社会的責任感があったという。またこの世の中は「天地自然の理」（全ての生き物が天から自然に受ける摂理）によって成り立っており、本来の人間は正直な存在であり、それ故に正直な商売を行うのが自然であると論じた。目指す先は世界の人々の平和と心の安定であるとまで主

第9章　企業の社会的責任と経営倫理

張している。この「石門心学」は机上の理論のみならず，実践経験に裏打ちされた点に特徴がある[15]。

梅岩の時代は江戸時代の「士農工商」身分制の時代であり，商人は四つの身分のうち最下層に位置づけられていたことは有名である。その一方で，商人は農民から取り立てて支配階級たる武士に納められる公租米を貨幣化する重要な役割を担っており，商人無くしては武士の生活が成り立たないのが実情だった。経済的合理主義をいち早く育んだのも商人であったが，折しも元禄バブルの影響もあり暴利イメージがつきまとったままで，商人としても正当な存在意義を与えてくれる新たな倫理観・価値観たる「商人道」を欲していた。「石門心学」は正にその様な商人のニーズに応えた商売倫理であった。梅岩は商人の存在意義を，商人の介在によって自力では入手できない物資を手に入れることにあり，社会的価値が生じると主張した。また天下の万民は労働の対価を受け取る権利があり，商人の利潤もその一つでこれは武士の禄（報酬）に匹敵するとも述べている[16]。

商人の存在意義を示した一方で，いわゆる悪徳商法については厳しく戒めている。「御法を守り，我が身を敬むべし」と法律を遵守し自らを律することを訴えた。また「富の主は天下の人々なり」という表現で，商人に利潤をもたらしてくれる顧客を大切にすることを強調しており，真っ当な商売を心掛けて顧客満足を実現することを重視していた。そのことは「実の商人は先も立ち，我も立つことを思うなり」との言葉に端的に表れている。「先」は顧客及び仕入先，「我」は商人自らを指し，真っ当な商人は顧客と仕入先の利益に適うことも心掛けると訴えたのである[17]。この観点は近江商人の「三方良し」の精神にも影響を与えたとされる[18]。

梅岩はまた倹約の必要性を訴えているが，それは日頃から工夫して無駄遣いを省くことで，世の中の有事の備えを貯えておくためであり，人間は「天地自然の理」に基づく正直な存在であるが故の自然な行いであるとした。それ故「私欲ほど世に害をなすものはあらじ」と強い口調で，私欲に基づく「倹約」を吝嗇（即ちケチ）と位置づけて害としている[19]。そして実際に倹約によって

貯えた備えを、京都周辺が飢饉に陥った際に弟子と共に救済活動に活用した記録も残っており[20]、口だけではなく実践を伴っていた。このことから、実践的なCSRの源流として「石門心学」は評価されよう。

2　江戸〜明治時代の日本の「経営倫理」
(1)　近江商人「三方良し」の精神

　「石門心学」の影響は京都に近い近江国（現在の滋賀県）を拠点としていた近江商人にもみられる。彼らは江戸時代において国内最大級の流通網を確立していたが、その活動を支えていた理念がいわゆる「三方良し」の精神である。「三方良し」という言葉自体は近年の造語であるが[21]、その精神の原型とされるものは近江国五個荘町の麻布商中村治兵衛宗岸の西暦1754年に書かれた書置に遡ることができる[22]。この書置の内容は、近江国以外にも幅広く流通網を拡げつつあった近江商人にとって、顧客（となり得る人々）とその背景にある社会の信用を得る必要性を痛感したことが背景として考えられる[23]。

　「三方良し」とは「売り手良し」「買い手良し」「世間良し」からなる。「売り手良し」とは売り手即ち商売側の利益になることを指す。具体的には売上高・高収益・販路拡大等が挙げられる。「買い手良し」とは顧客の利益になることを指し、具体的には商品を安価で購入・高品質な商品の購入・購入商品の利用により利便性向上かつ生活改善等が挙げられる。この二者は商売の当事者同士であるが、「世間良し」は当事者では無い第三者である「世間」なる概念を対象にしている。この「世間」とはいわば顧客のバックボーンとなる地域共同体（村、町等の社会）を主に指し、「世間良し」は共同体全体の利益につながることを指す。具体的にはある顧客が購入した商品が「買い手良し」をもたらしたことで、顧客の属する共同体全体の評判となり、次々と買い手が現れることによりやがて共同体全体の生活改善・経済向上につながることが挙げられよう（逆に買い手を欺く商売はたちまち共同体内の悪評につながる）。この「世間良し」がもたらされることによって、継続的な商売につながりひいては販路拡大に貢献するのである。顧客第一の商売が結果的には商売側の立場を強くすることに

つながる好例といえよう。現在でも伊藤忠商事・高島屋・日本生命・東洋紡・ヤンマー・ワコール等近江商人系の大企業が多いことがそれを物語っている[24]。

(2) 道徳経済合一説

やがて江戸幕府に代わり明治維新の時代に入ると日本は近代化に邁進することとなったが，その時期に経済界で大活躍した人物こそが「日本資本主義の父」渋沢栄一である。渋沢は元々農民階層の出ながら幕末期には幕臣として取り立てられ，更に明治期には実業界に身を置き第一国立銀行（現在のみずほ銀行のルーツ）をはじめ生涯で500社以上もの会社設立に関わり，我が国の経済振興に大いに貢献した[25]。渋沢は幼少期より儒教（朱子学ではなく古典そのもの）に親しんでおり，その影響から当時の商業界における拝金主義及び空理空論の朱子学的道徳論者の商業蔑視という相容れない実情に対し，「現実社会において生きることのできる道徳に基づいた商業」を目指した[26]。そして大正5年（1916）に『論語と算盤』という著作を出し，企業経営においては利益を自らで独占するのではなく，国家や社会全体を豊かにすべく富を還元することの必要性を説いた。いわゆる「道徳経済合一説」である。渋沢は同著にて「その富をなす根源は何かと言えば，仁義道徳。正しい道理の富でなければ，その富は完全に永続することができぬ」と述べており，商業上において倫理を貫徹することの重要性を訴えている[27]。いわゆる19世紀的な資本的企業の利潤追求第一主義が主流であった当時において，商業倫理ひいては社会との調和及び社会への責任を謳った点において，日本におけるCSRのルーツの一つと位置づけられよう。そして「道徳経済合一説」という倫理観に根差していたからこそ，渋沢は「日本資本主義の父」と呼ばれる程の実績を残せたともいえよう。

「石門心学」「三方良し」「道徳経済合一説」いずれの根底にも共通する倫理観として，顧客に対する正直さ＝信用を重視することが挙げられる。拝金主義は短期的には成功を収めることができるかもしれないが，永続できるものではない。商売を持続させるためには信用を保ち続ける努力が欠かせないのであり，これらは現代の日本におけるCSRにおいても十分な示唆を与え続ける倫理観

といっても過言ではあるまい。

3 欧米の経営倫理

CSRという言葉が英米外来語であることから分かるように,本来CSRという言葉は英米の論理に則った概念と考えられる。英米を更に拡げて欧米という枠で考えると,欧米のCSRの理念的なルーツはプロテスタンティズムに求められるという指摘がされている[28]。即ちプロテスタンティズムという概念はマックス＝ヴェーバーによると,プロテスタントの特にカルヴァン主義における禁欲的な信仰と労働が結果としてもたらされる利潤を肯定することにつながり,やがて生産性の向上をもたらし産業革命に道を開いたという論理であった。プロテスタントの動機は,勤勉に働くことが社会への貢献をもたらし,それは神による救済の確証につながるというものであった。勤勉という理念が社会への貢献ひいては責任を果たすという論理につながるわけであり,その限りにおいてキリスト教的な思考が欧米のCSRに反映しているといえる。

もっとも勤勉さという観点は石田梅岩の「石門心学」とも通じる論理であり[29],人類に普遍的なCSRの拠り所とも考えられる。「天地自然の理」における人間像では正直な存在として人間を捉えているが,人間の心底にこそCSRの動機があるのかもしれない。

第3節 現代における企業の社会的責任の動向

以上においてCSRのルーツについて触れてきたが,本章においては現代におけるCSRの動向について幾つか触れておきたい。現代ではCSRの国際規格化への流れが強まっており,取り分け2010年制定のISO 26000登場以降は更にその動きが強まっている状況である。

1 CSR国際規格化への動き

日本においては1960年代の公害問題,1970年代の石油ショックを経て環境対

策については先進的な取り組みがなされてきた。環境問題は1990年代に入ると，オゾン層破壊や地球温暖化のように地球規模での問題と捉えられるようになり，1992年にはブラジルのリオ・デ・ジャネイロで「環境と開発に関する国際連合会議」（通称「地球サミット」）が開催された。この地球サミット以降「持続可能な開発」「生物多様性」への認識が世界的に高まり，日本企業も「環境報告書」を発行する企業が増大した。また1996年にISO（国際標準化機構）が環境マネジメントシステム国際規格ISO 14000シリーズを発行すると，この認証取得に動く日本企業が相次いでいる[30]。

1990年代は冷戦崩壊後全世界がアメリカ式の資本経済化したことによりグローバリズムが浸透した時期にあたるが，1999年の世界経済フォーラム（通称「ダボス会議」）において，当時のアナン国連事務総長が「人間の顔をしたグローバル化」を求めたことにより，翌2000年に「国連グローバル・コンパクト」が策定された[31]。この国連グローバル・コンパクトは，参加企業が行動規範として遵守すべき社会課題を示した原則で，「人権」項目（原則1・2），「労働」項目が（原則3～6），「環境」項目（原則7～9）から成り立つ。2004年には「腐敗防止」項目（原則10）が追加された。国連グローバル・コンパクトは日本企業の得意分野の「環境」分野が含まれている一方で，馴染みの薄い「人権」分野等も含まれており，世界的な事業展開を行う上で対応が急がれることとなった。また国連グローバル・コンパクトによって世界的にCSRへの気運が高まり，後のISO 26000制定につながったといえよう。

2　ISO 26000の制定

国連グローバル・コンパクト策定以降，CSRの国際規格化への機運が高まり，ISOも議論を重ねた結果，2010年11月にISO 26000「社会的責任に関する手引」を発行した。ISO 26000はISO 14000シリーズのような認証規格ではなく，ガイドラインと位置づけられており，また対象も企業に限らずあらゆる組織としており，正確にはSRガイドラインというべきものである。その意図は組織が持続可能な開発を意識して責任ある行動を取り続けることにある。ISO 26000に

おいては，CSRを「組織の決定及び活動が社会及び環境に及ぼす影響に対して，（中略）透明かつ倫理的な行動を通じて組織が担う責任」と定義している32)。

ISO 26000では上記の意図達成のために「CSRの7原則」を示している。それは①説明責任②透明性③倫理的な行動④ステイクホルダーの利害の尊重⑤法の支配の尊重⑥国際行動規範の尊重⑦人権の尊重からなる。この7原則がCSRの基盤となるものである。更にISO 26000ではこの7原則を踏まえて，7つの中核主題というより具体的な項目が示されている。先ずは①組織統治が挙げられ，いわゆるコーポレート・ガバナンスが効果的に機能しているかどうかが問われることとなる。それを前提に②人権③労働慣行④環境⑤事業慣行⑥消費者に関する課題⑦コミュニティ参画及び開発の各項目においてそれぞれ対応が迫られる。7つの中核主題には合わせて36項目もの実践課題が示されている33)。

ISO 26000発行以降，同手引がCSRの世界標準として参照される動きが広まり，日本においても日本経団連が「企業行動憲章」を2010年に改定の際にISO 26000の精神を大きく反映させている34)。また日本企業が発行する「CSR報告書」にISO 26000との対応表を記載する動きがみられる。

3　CSRについての最近の動き

CSRについての最近の動きとして，先ずは2011年にマイケル・ポーターによって発表されたCSV（Creating Shared Value）が挙げられる。CSVは「共有価値の創造」と訳され，社会的課題をビジネスチャンスとして捉えて事業を展開することにより，結果的に社会的課題の解決につながり社会に貢献するという趣旨で展開されている。ポーターによれば，従来の慈善事業的な社会貢献活動では大きな価値創造や社会変革につながらず，それをもたらすのはあくまで事業活動であるとしている。CSVはビジネスの可能性を拡げた論理である一方で，CSRの概念からみるとやや限定的な見解とも考えられる35)。

また昨今では投資の世界においてESG（Environment, Social, Governance）投資，即ち環境・社会・統治の観点を重視する動きが強まってきた。従来にも社

会的責任投資（Socially Responsible Investment-SRI）の考え方は存在していたが，やや慈善的または社会問題解決のための特殊な投資という意味合いが強かった。最近ではCSRに力を入れる企業ほど業績上のパフォーマンスが高く，安心できる投資対象としての認識が高まり，重要な投資基準としてESGの概念が取り入れられる様になってきている[36]。動機はさておき，CSRという概念がもはや企業経営にとってすっかり欠かせないものとなった証といえよう。

第4節　企業の社会的責任の今日的課題

以上，CSRの内容とその起源，更に現在の動きについて論じた。CSR自体はISO 26000策定後世界的に収斂への動きがみられるものの，その姿は未だ多種多様なのが現状であろう。ポーターに至ってはCSRからCSVへの移行を唱えているが，その見解は先鋭的ですらある[37]。しかし本章で紹介したCSRの根底には，企業内部の様々な勤勉な仕事の成果として社会に対する責任が果たされていくという流れが見出せよう。それは石田梅岩が唱えた「天地自然の理」に基づく「人間の正直さ」がもたらすものとみてよいのかもしれない。昨今においても企業不祥事が絶えることはないが，他方では「人間の正直さ」がそれを押し留める動きが確実に存在する。この動きの実践＝信用の創造こそが今後の企業及び企業人に求められていくこととなろう。

〔注〕
1) 小野琢「山城章－主体的な企業観・実践経営学の確立者－」『経営学史叢書XIV　日本の経営学説Ⅱ』文眞堂，2013年，83-93ページにて詳細に論考。筆者は「企業体制発展の原理」の枠組について，取り分け山城章『現代の経営』森山書店，1961年の立場を取る。
2) 山城章『経営原論』丸善，1970年以降においては「生業・家業（前近代） → 企業（近代） → 経営（現代）」という枠組に移行したが，移行について山城からは明確な説明はない。
3) 山城章『企業体制』新紀元社，1950年，15-43ページに基づく。
4) 同上書，15-43ページに基づく。
5) 同上書，15-43ページに基づく。

6) 同上書，15－43ページに基づく。
7) 山城『現代の経営』117ページに基づく。
8) 山城章『現代の経営理念（理論編）』白桃書房，1969年，34ページおよび山城章『日本的経営論』丸善，1976年，113－114ページに基づく。
9) 山城章『新講経営学』中央経済社，1968年，93－110ページに基づく。山城は同書に限らず社会の責任のことを「社会責任」と表記している。なお「社会性責任」の原案は山城章『経営政策　最高経営政策論』白桃書房，1954年，67－102ページに遡れる。
10) 山城『新講経営学』93－110ページに基づく。なお「公益性責任」の原案は山城『企業体制』210－226ページに遡れる。
11) 山城『新講経営学』93－110ページに基づく。
12) 山城『新講経営学』93－110ページに基づく。
13) 山城『日本的経営論』8ページ。
14) 森田健司『石田梅岩　峻厳なる町人道徳家の孤影』かもがわ出版，2015年に基づく。
15) 平田雅彦『企業倫理とは何か　石田梅岩に学ぶCSRの精神』PHP研究所，2005年，25ページ。
16) 同上書，35－44，78－88ページに基づく。
17) 同上書，45－49，69－73，89－95ページに基づく。
18) 末永國紀『CSRの源流「三方よし」近江商人学入門』サンライズ出版，2004年，68－71ページ。
19) 平田『企業倫理とは何か　石田梅岩に学ぶCSRの精神』101－110ページに基づく。
20) 同上書，136－137ページ。
21) 大野正英「三方よしの言葉の由来と現代的意義」NPO法人三方よし研究所『三方よし』第36号，2011年，2ページ。
22) 末永『CSRの源流「三方よし」近江商人学入門』13ページ。
23) 同上書，10－15ページに基づく。
24) 同上書，10－21，66－75，83－95ページに基づく。近江商人系企業についてはNPO法人三方よし研究所『Q&Aでわかる近江商人』サンライズ出版，2010年，69－86ページに詳しい。
25) 公益財団法人渋沢栄一記念財団ホームページ「渋沢栄一」2017年8月29日参照
https://www.shibusawa.or.jp/eiichi/index.html
26) 加地伸行「日本企業の先駆者の汲めど尽きせぬ知恵」渋沢栄一『論語と算盤』角川ソフィア文庫，2008年，3－5ページ。
27) 渋沢『論語と算盤』22ページ。
28) 米山秀隆『図解よくわかるCSR企業の社会的責任』日刊工業新聞社，2004年，20－22ページに基づく。
29) 平田『企業倫理とは何か　石田梅岩に学ぶCSRの精神』155－163ページ。
30) 川村雅彦『CSR経営　パーフェクトガイド』Nanaブックス，2015年，16－21ページに詳しい。

31) 国連グローバル・コンパクトについては，グローバル・コンパクト・ネットワーク・ジャパンホームページ「国連グローバル・コンパクトとは」に詳しい（2017年8月29日参照）．http://www.ungcjn.org/gc/index.html
32) 国際標準化機構「社会的責任に関する手引」国際規格原案　ISO／DIS 26000　仮訳版（一般社団法人日本規格協会訳），2009年，3ページに記載の定義を参照．
33) CSR 7原則1および7つの中核主題については，同上書10-14, 19-66ページに詳細が掲載．
34) 一般社団法人日本経済団体連合会ホームページ「企業行動憲章」（2017年8月29日参照）．http://www.keidanren.or.jp/policy/cgcb/charter2010.html
35) 川村『CSR経営　パーフェクトガイド』70-80ページ．ポーターの論文は「共有価値の創造」『DIAMONDハーバード・ビジネス・レビュー』2011年6月号掲載．CSVという表現はネスレが先に使い，ポーターが概念規定したという（川村，同上書73ページ）．
36) 2006年に当時のアナン国連事務総長のもと，国連環境計画・金融イニシアティブ及び国連グローバル・コンパクトにおいて策定された「責任投資原則（PRI：Principles for Responsible Investment）」においてESG課題が取り上げられたことで世界的に認識された（川村『CSR経営　パーフェクトガイド』96ページを参照）．
37) 川村によれば，CSVはポーターが以前唱えた「戦略的CSR」の延長線上にあるが，「CSRからの脱却」を唱えるために表現を変えたとする（川村，同上書73ページ）．

第10章　企業と社会貢献

はじめに

　最近，企業と社会との関係性を重視ないし強調した用語が顕著である。例えば企業の社会的責任（Corporate Social Responsibility－CSR），コーズ・リレーテッド・マーケティング（Cause－Related Marketing－CRM），ソーシャル・ビジネス（Social business－SB）あるいは共通価値の創造（Creating Shared Value－CSV）等々である[1]。本章も同様に，企業の社会貢献（Corporate Philanthropy）について取りあげ検討するものであるが，上記に列挙した事柄とも関係している。ところで企業の社会貢献は時代により変容し，進化している。以下，企業の社会貢献の基本と方向性について検討してみよう。

第1節　企業の社会貢献活動の概要

1　社会貢献の概念
(1)　社会貢献とフィランソロピー
　わが国で使用されている企業の社会貢献（活動）という用語はアメリカのコーポレート・フィランソロピー（Corporate Philanthropy）を意味している。わが国に企業が制度的に社会貢献する活動が導入されたのは概ね1980年代後半からであり，1990年代以降に花開いたのであるが，当初はこのフィランソロピーに様々な用語が当てられていた。例えば「慈善」，「支援活動」，「公益活動」，「非営利活動」，「民間公益活動支援」，などである。「社会貢献」という呼称は経済団体連合会（現．日本経団連）が1990年に会員企業の寄附貢献に資するために設立された募金団体である「ワンパーセントクラブ」[2]発足の頃に使用され始めている。影響力のある団体なのでそれ以来社会貢献という用語が一般に使われ

るようになった。しかしフィランソロピーと社会貢献は厳密には同義語ではない3)。そもそも日本にはPhilanthropyに相当する言葉はないとする見解もみられるものの4)，今日ではほぼ同義語と解して邦訳，使用されている。

(2) 社会貢献の概念

フィランソロピーは字義的には「人類愛」であり，「人類一般に対する実際的な善行（good will）」である5)。A. C.マーツも次のように述べている6)。すなわち「ごく単純に定義すれば，人類愛，特に実際的な利益（benefit）が実行されるもの」とし，さらに「福祉，健康，人類文化の向上に貢献する人々への資金，財産，能力および制度の自発的提供が含まれる」とされている。要するに，実際的な善行として寄附やボランティアなど幅広い非営利・公益活動を意味し，これを社会貢献活動としている。しかし，それは自らが社会的課題を解決しようとするところまで立ち入っての概念把握ではない。この点，旧日本開発銀行（現日本政策投資銀行）は単なる善行，支援活動ではなく社会問題解決的であるともされており，企業はNPO（Non-Profit Organization，民間非営利組織）やNGO（Non Governmental Organization－非政府組織，NPOの国際版）などとともに社会的課題解決にも積極的な側面をもっていると指摘している7)。同様に牧里毎治教授も，要約次のように述べている。「営利法人であっても収益の一部もしくは多くを公益目的のために提供したり使用したりする場合がある。……このような貢献活動をするフィランソロピー（企業の社会貢献）はコミュニティを支える公益に資する事業である。広く範囲を想定すれば，フィランソロピーも社会起業に含めていいだろう。」としている8)。そして「企業という社会組織が市民社会の一員として社会に貢献する行為は，グローバルスタンダードであるといっても過言ではない9)。」とされている。要するに，企業の社会貢献には広い意味で社会的課題解決のために事業化する「社会起業」もカテゴリーに含まれるとしている。

かくして，企業の社会貢献はもはやかつてのような消極的ないし横並び的な単なる支援活動から積極的あるいは自主的に社会的課題を解決しようとする展開へと進展ないし変容しつつある。

2　社会貢献の意義

　CSRの時代，企業を見る社会の目は一層厳しくなりつつある。企業も社会の一構成員（市民）であるとする企業市民活動としての社会貢献活動はもはや当たり前のこととなった。企業が本業以外のあるいは本業に深く関係しての社会貢献活動をするにしてもそれは企業にとってもまた社会にとっても大きな意義ないし価値を有する。

(1)　社会的意義

　企業の社会貢献活動はその名称のとおり社会に貢献することが目的であるから社会的な意義を有している。それはアプローチとして戦略的な社会貢献でもまた純粋な社会貢献でも社会の様々な課題，ニーズに対応し，役に立つものである限り，その意義は大きい。福祉，医療，環境，教育，貧困，災害等の社会的に解決しなければならない課題は益々多くなり，その解決ニーズは増大の一途を辿っている。行政はもちろんのことNPOをはじめ非営利組織体もこれら社会的課題解決に取り組んでいるが，企業もまた社会貢献というミッションのもと社会に大きな役割を果たし，また挑戦している。

(2)　企業価値増大の意義

　企業は社会貢献活動を行うことにより企業価値の増大という意義を有する。当初，寄附をする場合でも同業他社の意向をみながらの横並び的な寄附であり，仕方なく社会貢献するという企業もよく見られた。しかし今日ではむしろ寄附やボランティアなどの社会貢献を積極的に一つの有効な戦略と考えている。後述のマーケティングにおけるCRMやCSVによる企業価値と社会価値双方の価値の創造は社会的評価の増大にもつながるから市場における企業のイメージアップや差別化にも効果がある。またこの慈善ないし公益性の高い活動を通して従業員のモチベーションの引き上げにもなるし，入社希望者増大要因ともなっている。要するに企業価値増大という意義をも有し，もはや企業にとって社会貢献活動は企業の浮沈にも関係するまでになっている。

3 社会貢献活動の形態

企業の社会貢献活動には幾多の観点から形態種別をすることができる。

(1) 活動の性質の観点

企業の社会貢献活動が見返りを求めない純粋に無償の提供をするものか，それとも本業と深く関係し経営的メリットを所期する，いわば戦略的な性質を有するものかにより，①純粋な社会貢献（pure philanthropy）と②戦略的社会貢献（strategic philanthropy）とに分けることができる。

(2) 活動の方法ないし客体の観点

企業の主に支援活動としての社会貢献活動は基本的には，①人的労力の無償提供と②企業財産の無償提供とがある。①は制度として従業員のボランティア活動およびその支援制度の整備さらに専門的知識や技術等の人的無償提供であるプロボノ活動などが含まれる。②は資金や現物の無償提供，すなわち寄付（Donation, Giving）である。これには市場価値より高目の価格でも商品購入する買上げ支援や厚生施設等の一般開放なども広い意味で寄付支援に含まれよう。

(3) 活動分野の観点

活動分野は社会貢献が必要な分野であり，社会的課題あるいは社会的弱点のある分野である。例えば，①福祉，②医療，③教育，④環境，⑤芸術・文化，⑥災害復興，⑦雇用，⑧中小企業等の支援，等々多岐にわたる。

(4) 単独と連携

社会貢献を①単独で行う場合もあるが，自主的なプログラムが多くなってくると②同業他社など他の企業と複数で行う場合もある。また③民間の非営利の社会貢献専門団体とも把握できるNPOなどとのコラボレーションで行う場合も結構多い。

ところで企業はその重要性に鑑み社会貢献活動を制度として社会貢献専門の専門部署を設けて行うことが多くなっているが，従業員自らの発案により自主的に行うボランティアや寄附貢献に対して企業側が彼らの活動を支援するケースもある。例えば寄附の場合，従業員が自主的にあるミッションのもと集めた寄附金額に対して同額等の寄附金を上乗せして提供する「マッチングギフト」

システム（従業員との連携）などである。

4 企業の社会貢献活動の進展
(1) アメリカの場合

アメリカは建国以前よりキリスト教的博愛精神や相互扶助精神のもと個人や非営利団体によるボランティアや寄附活動が盛んであったが，一方で企業が制度的ないし本格的にこれら社会貢献活動を行うようになったのは第二次大戦後のことであった。

その大きな契機の1つは，1953年の企業寄附において公益的な寄附は株主利益の侵害には当たらない，よき企業市民（Good Corporate Citizenship）としての義務の一部であるとする正当性を支持したニュージャージー州最高裁の判決であった。この判決により1956年には企業の公益寄附は企業の自由裁量権に属し，原則公益寄附は課税控除の対象となった。

第2に，これを契機にアメリカでは地域社会との良好な関係づくりを目指す企業市民思想や利他主義（enlightened self-interest）のもと寄附やボランティア活動が盛んになった。当時，欠陥車問題など企業の不祥事や横暴に対する批判がある中，その反省とともに一方で批判を回避するために社会貢献活動をその道具として活用したのではないかという見方もある。

第3に，小さな政府を目指していた当時のレーガン政権は国民の公益・社会貢献活動を奨励すべく寄附金の損金参入限度枠を5％から10％にまで引き上げるなど企業や財団あるいはNPOなどの民間の社会貢献活動を促進するために大きな役割を果たそうとした。実際，企業寄附は1980年代に入ってから増大している。

そして第4に，企業は1980年以降，社会貢献活動が事業経営において役にたつことを発見したことである。単なる批判回避，税金回避としてではなく本業と一体的に連携させることにより一層効果があることを発見したのである。後述するコーズ・リレーテッド・マーケティング（CRM）をカード会社が1981年及び1983年に開始し，その成功により，多くの企業は本来のマーケティングの

中にこの社会貢献活動を組み入れ，一体化することにより，社会的な利益とともに売上や事業利益の拡大を図ろうとした。すなわちCRMの開発・導入が大きな進展の促進剤となったのである。

(2) 日本の場合

わが国でも仏教思想のもと奈良時代以来個人として寄附活動は行われていた。それは喜捨，陰徳あるいは篤志活動などと呼ばれるものである。また地域の相互扶助活動も幅広く行われていた。しかし企業が組織ないし制度として本格的に社会貢献活動を展開するようになったのは第二次大戦後の1970，80年代の企業の度重なる不祥事による危機意識の中，1980年代後半から90年代初頭にかけてアメリカの企業市民思想が導入されてからである。

1990年に芸術家支援の「メセナ協議会」が設立され，また同年末には経団連に「ワンパーセントクラブ」が設立されるなど，大手企業を中心に寄附やボランティアの推進制度が活発に導入され始めた。また社内に「社会貢献室」などの専門の部署も設置され始めたり，企業財団の設立も増加しつつあった。1990年は「フィランソロピー元年」ともいわれ，90年代初頭はまさにわが国の社会貢献活動が一種の流行のように開花した時期であった。

1995年の阪神・淡路大震災時には多くのボランティア（約130万人）や義援金が寄せられたが，その中で企業の活躍もまた目覚ましかった。そして3年後の1998年にはNPO法（特定非営利活動法人法）が制定され，多くのNPO法人が誕生し，社会貢献を専門に行う市民事業体とも解されるこのNPOの進展は企業の社会貢献事業とも協働するケースも増え，企業の社会貢献活動は一層拡大，進展するようになった。

ところでわが国は自然災害が絶えない災害大国である。災害の復旧・復興には人手と物資そして資金が必要であり，その都度多くの民間支援の重要性が認識された。この場合，決まって活躍するのがNPOやNGOであり，また企業による貢献活動である。これら企業を含む民間支援団体は絶えず発生する災害時の復興に大きな役割と貢献を果たし，その必要性は益々大きくなるばかりである。

第2節　戦略的社会貢献活動としてのCRM
－コーズ・リレーテッド・マーケティング
（Cause-Related Marketing）－

　企業の行う社会貢献活動には前節でみたように直接対価を求めない，あるいは見返りを求めない純粋な活動とともに本業のビジネスと直接関係を有し，経営戦略的色彩の濃いものもみられる。特にマーケティング・ミックス全般と関係するコーズ・リレーテッド・マーケティング（以下，CRM）と呼ばれるマーケティングは主に社会貢献活動を取り込んだ，あるいは一体化したマーケティングである。今時の3.11東日本大震災の募金収集システムとしてもよく活用され，復興に貢献している。そこで以下，このCRMについて見てみよう。

1　CRMの概念

　CRM（Cause-Related Marketing）は字義的にはコーズ（Cause）に関係づけられたマーケティングである。それ故コーズを如何に把握するかが問題である。用語として「大義」，「主義・主張」，「信条」などがみられるが，いずれも抽象的である。この点，世良耕一教授は「良いことなので援助したくなるような対象」と呼び，具体的に社会問題，文化，芸術，災害，環境，教育，その他などを挙げている[10]。そして同教授はCRMをこれらの対象分野に公益支援を行うマーケティングとされ，次のように定義されている。「組織がコーズ支援を行いそれをコミュニケーションすることにより，マーケティング目標を達成するための戦略」[11]とされている。CRMの適用範囲をマーケティング・ミックス全般，またマーケティング目標があること，さらにはCRMの主体を企業ばかりでなくNPO等の非営利組織にも援用できるよう広く「組織」としている[12]。

　一方，谷本寛治教授は以下のように概念把握されている[13]。「社会的課題解決のために企業のマーケティング力を活用し，売上やブランドの向上も同時に目指す方法である」としている。ここでは明確に社会的課題解決，社会的意義

のある事をマーケティングを活用して同時に企業利益も目指すとされている。そしてコーズという言葉は日本語としてあまり馴染みがないとしながら「コーズ・マーケティングとは，社会的に意義のある活動を支援するマーケティング」を意味するともされている。

アメリカのCRMの代表的研究者であるバラダラジャンとメノン（P. R. Varadarajan & A. Menon）の見解を要約すると，社会貢献活動とマーケティング活動は本来区別されるものであるが，この異なる活動を一体化ないし複合化したものであって，具体的には顧客との取引活動より生ずる売上の一部を，コーズという公益活動のために寄附することを予め明示しておくマーケティングであると把握されている[14]。

その他にも多くの見解[15]がみられ，CRMはあくまでもマーケティングではあるが，社会貢献や社会的課題解決にも資する，一体化したものとして双方の異なる（二律背反的）性格の利益を同時達成しようとするマーケティングである。

2　CRMの構造

(1)　構　　図

CRMに関するステークホルダーには次のようなグループ（主体）がみられる。すなわち，①CRMを実施する企業，②社会的課題解決に取り組むNPOやNGOあるいは国際機関などの非営利組織，③CRMによりそのコーズに共感しかつ納得してその対象商品の購入あるいはサービスの利用により，実質的にNPO等の活動資金を提供する顧客，そして④寄附などの活動資金をもとに社会貢献の実践者であるNPOやNGOなどからその恩恵を受ける受益者である。CRMはこれら4種のステークホルダーにより構成あるいは成立しており，しかも4主体ともwin-winの関係（4方よし）を構築している。（図表10－1参照）

第10章　企業と社会貢献

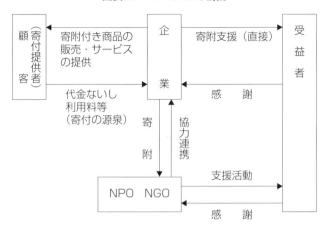

図表10-1　CRMの構図

(2)　二律背反構造

　CRMは前述のように，企業としては私的利益の追求を目指している。しかし一方でこのマーケティングは公益的な寄附金収集システムでもある。換言すれば，CRMは営利活動として私的利益を追求しているが，一方で社会的課題解決手段として活用することにより間接的に公益的な利益をも追求していることとなる。結果として企業の行うCRMにおいて，私的利益と社会的な公益という性格的に矛盾ないし異質な利益を同時に獲得・達成することを可能にしている事業ないし活動ということになる。言うなれば，相互に相反する二律背反的な利益を同時にしかも完結的に達成しうる構造をもっている。それ故，CRMは構造的には「二律背反利益の同時達成マーケティング」とも呼びうるマーケティングといってもよいだろう。

(3)　相互依存構造

　CRMは企業活動において売上や利益の拡大を実現するシステムと社会問題解決的なシステムとが相互に依存ないし連動関係にある構造をもつ。すなわち売上などの拡大はコーズの魅力や顧客への高い訴求力があってこそ目的が達成されるという側面もあるし，一方で社会的課題解決に資する寄附金の収集はマーケティング活動の成果実現としての売上ないし利益に依存するという関係

にある。CRMにおいて双方は相互依存ないし相互連動的な構造をもっている。

3　CRMの意義

　CRMはあくまでも企業実施のマーケティングである。それ故マーケティング価値は企業全体にも関係し，企業評価の向上などのいわば企業価値の向上という意義を有すると同時に他方で，CRMは社会的な課題に対し，直接解決に向かうというものではないかもしれないが少なくとも解決のための支援に資するという意義を有していることは確実である。後述のように社会的課題解決をビジネスとして行うソーシャル・ビジネスや経営戦略としての共通価値の創造であるCSVなどにかなり近接した性格を有しているといってもよいだろう。

4　CRMの導入と展開

　CRMは1981年にアメリカン・エキスプレス社（以下，アメックス社）によるカリフォルニア州における芸術団体の支援が起源と言われているが，代表的成功事例としては1983年のやはり「アメックス社」と「自由の女神エリス島財団」とによる「自由の女神像改修プロジェクト」キャンペーンが挙げられよう。
　このCRMは販売収益に応じてその一定額を寄付するというもの（Sales related fund raising）であった。すなわちアメックス社は女神像の改修費用を集めるために，自社カードを1回使用する毎に1セントが自動的に寄附されること，および新規にカードをつくる毎に1ドルの寄附が行われるというシステムを予め明示したキャンペーンを行ったのである。カード使用ならびに新規加入という本業のビジネスに社会貢献事業を加味したものであるが，これにより170万ドルの寄附金が集まり，同上財団に寄附することができた。またアメックス社にとってもカード使用率が28％増え，また新規カード加入者も45％増えたといわれる。
　ところでこの成功要因は幾つか挙げられる。先ず第1にコーズがアメリカのシンボル的存在であり，人々の共感と支援による訴求力が高かったこと，第2にアメックス社自体の社会的信用力があったこと，第3にアメリカは元々カー

第10章　企業と社会貢献

ド社会であり，カード使用率が高かったこと，第4に1回の寄付金が少額であり，カード利用者の負担感が少なかったこと，そして第5にカード事業という本業と抱き合わせないしセットになっていたので手続き上，容易な自動的寄附システムであったことなどが挙げられる[16]。

かくしてアメックス社のCRMの成功によりアメリカでのCRMは進展し，今日に至っているが，一方わが国の場合，1980年代はすでにその萌芽的なものもみられるし，また1990年当時の郵便局の「国際ボランティア貯金」が利子の何％かを国際ボランティア活動を行っているわが国のNGOに寄附されることを明記した一種のCRMがかなり多額な寄付金を集めていた[17]。仕組みとしてはアメックス社と同様，本業ビジネスの活用（金利分の提供）であった。

その後2000年代に入ると，例えば2007年のダノンウォーターズ・ジャパンの「ヴォルヴィック1Lfor 10L」，2008年の王子ネピアの「nepia 千のトイレプロジェクト」，ミニストップの「フェアトレードによる生産農家支援」あるいはドーナツ会社の（株）ミエルの「NO Box＝ワンワクチン」（ドーナツのボックス型の箱代金分の寄附）などがキャンペーンを展開し，さらに3.11東日本大震災に伴う復興期には復興キャンペーンとして，多くの企業がCRMによる売上の一部を被災地に寄附するシステムを展開した。飲料メーカー，スーパーマーケットなどの小売り会社，宅配会社ばかりでなく，街の焼き鳥屋さんなども串一本の売上につき10円が被災地に寄附されるというものまで幅広く活用された[18]。特に取り扱う商品が広く最終消費者向けの場合，この種のCRMのキャンペーンがよく行われ，いずれも所期の目標を達成している。まさに震災による復興支援というコーズのためのマーケティングとしてCRMが有効活用され大きな役割を果たした。

第3節　社会貢献とソーシャル・ビジネス

1　概　　説

社会貢献は前述のように社会的課題解決志向にあり，またその要素を持って

いる。それ故，社会的課題解決をビジネスとして行おうとするソーシャル・ビジネス（Social Business－以下SB）もまた社会貢献に関係している。すなわち前述のCRMが社会貢献とセットになっているのと同様，SBも事業そのものが社会的課題解決を扱っており社会的成果と経済的成果を同時に実現しようとするものとなっている。

ところで社会貢献は大企業も中小企業も行うし，非営利組織もその専門性をもって社会貢献活動を展開している。しかしSBの担い手はNPO等の非営利組織や中小企業などが実践するケースが多く，SBはソーシャル・アントレプレナー（社会起業家）ないし社会起業的色彩が濃い。この点について経済産業省（ソーシャル，ビジネス研究会報告書，2008年）は，SBを①社会性②事業性および③革新性を成立要件とし，地域限定的なコミュニテイ・ビジネス（Community Business-CB）については(3)の革新性は重視していない。何をもって革新とするかは問題であるが，少なくとも本節ではいわゆる革新性に欠ける部分はあっても社会的課題解決に有効性があるものについてはCBもSBに含めて検討する。以下(1)高齢者による過疎地の地域活性化に関するSBと(2)災害復興という分野のSBについて具体的な事例を見てみよう。

2　葉っぱビジネス[19]

　過疎（人口約2,000人）と高齢化（高齢化率約50％）が同時進行する徳島県の上勝町ではもみじや柿などの「葉っぱ」や季節感のある山菜などを高級料理店などの料理の「つまもの」として生産をしている。主な出荷先は上勝町の農協を通じて大阪，京都であるが，これを製造しているのは地元農家の高齢者達である。主に70，80歳台の高齢者が木を植え山菜を育て，葉っぱや山菜等をきれいに包装して出荷する。これらは市場商品であって出荷できる者は受注競争により決められるし，一種の相場商品として価格変動もあるので，高齢生産者といえども絶えず情報分析する必要がある。そして生産農家はこのビジネスにより概ね月収50～100万円ぐらいの高収入を得ているし，また本人の健康や生きがいもさることながら，元気なので町の医療費削減に貢献したり，老人ホームの

必要性もなくなっている。

　このビジネスを考案し，実現化したのは横石知二氏であり，このビジネスの中核的企業の株式会社「いろどり」の代表取締役である。同氏によれば，働いて収入を得ることにより一層元気になるこのビジネスは産業と福祉の融合だと主張している。

　葉っぱビジネスの地元である上勝町への貢献として活性化がある。見学・視察者が全国から年間約4,000人が訪れ（定住人口の約2倍），交流人口が増えて町自体が観光化し，活性化している。また収入と雇用の途が開けたので地元の若者のUターンも活発化しているといわれる。

　要するに，この葉っぱビジネスは一人のソーシャル・イノベーターにより，①高齢生産農家の収入増，②生涯現役労働（社会）の実現，そして③町の活性化を実現したわが国の代表的なSBであり，その評価は全国的に高い。

3　復興グッズ・ビジネス（自立的復興ビジネス）[20]

　2011年3月11日に発生した東日本大震災は津波や原発事故を伴い，複合的な大災害と化し，多くの犠牲者を出すとともに壊滅的な被害をもたらした。特に東北地方の太平洋沿岸地域は無残な姿となり，多くの人が被災者となった。彼らは突然そして一瞬のうちに日常生活を奪われ，精神的にも経済，社会的にも困難を余儀なくされることとなった。しかし，しばらくすると何とか日常を取り戻そうと復旧・復興に向けて動き出した。

　危機や緊急時に強いのは女性である。3カ月もすると主婦層の女性達は現実を直視し，動き出した。自分のできる仕事として手先の器用さとコツコツ仕事には慣れていたので手づくりのアクセサリー，小物類，人形，衣類，日用品などの製造，販売をするようになった。このような主として女性達の手仕事グループがあちこちに形成され，一種の流行のように拡がった。グループの構成人数はまちまちであるが，概ね10〜20人で活動していた。ほとんどが任意のグループであるが，一方で法人格を得て事業展開するグループもみられた（たとえば一般社団法人やNPO法人あるいは株式会社など）。とはいえ実質的には零細事

業であり,「生業」や「内職」あるいは「企業以前」の範疇といってもよいだろう。

このビジネスの生成については概ね2つのケースがあった。1つ目は外部のNPOやNGOあるいは企業が被災地でボランティアをするうちに被災女性達の手の器用さに着目して,仕事づくり (Cash for Work) として彼女達の生計に少しでも貢献しようとするケースである[21]。2つ目は被災女性達がお茶のみや余裕時間に小物類などをつくっているうちに自然に販売することになったり,あるいはこれを販売したらどうかというアドバイスなどもあってビジネス化したというケースである。いうなれば自主的なケースである[22]。どちらも復興というテーマのもとに生成されたビジネスとして「復興グッズ・ビジネス」と呼びうるビジネスである。

製作する製品によっては素材や原材料の調達を復興共感者からの寄附に頼っているグループやガレキの山からキーホルダーの原材料を捜して製作しているグループもあった。しかし最近では品質向上のためにやはり専門業者から購入,仕入れるグループが多い。

製作は仮設住宅の集会場や小学校等の廃校校舎,借り入れた民家などを拠点とし,あるいは各自の自宅で作った製品を持ち寄るケースもある。販売はデパート,スーパーの売り場の一角や集会場,イベント会場,ネット販売などがみられる。価格は復興価格として,復興集中期には災害や復興への共感により高目設定でもよく売れた。顧客は主として観光客,視察や見学者,遠隔地の災害復興共感者などである。そして現在でも需要に供給が間に合わない程,人気のあるグッズもみられる。

このビジネスは復興という大きな課題の中の小さな対応(解決方法)かもしれないが,それでも働いて収入を得ることができ家計経済的に一定の役割を果たしたことは確実である。また副次的な成果として健康や生きがいあるいは介護予防的効果もあったとされる。さらにこのビジネスによりコミュニティがこのグループを中心に形成されていたのも自然の成り行きであった。

発災からほぼ7年目となる現在,もはや復興特需が期待できなくなり,また

災害自体も風化しつつある。このことは売上の減少を意味し，これによりグループが解散あるいは消滅したところもみられる。一定の役割を果たしたが，もはや退場の時となった。この意味では復興限定型のビジネスであった。一方，これからも品質の向上やアイディアの創出に努め，復興市場ではなく一般の市場でも通用する製品を製造し，本格的に競争市場で勝負するというグループもみられる[23]。

ところでこのようなローテク製品を製造・販売する中高年女性達によるこのビジネスは前述したように成立要件としての革新性のあるソーシャル・ビジネスとはいえないかもしれない。しかし災害という急性期のもと行われた彼女達の危機突破志向ないし挑戦意欲によるマイクロビジネスもまた被災社会の地域課題解決に有効性の高いビジネス（SB）と考えられる。

第4節　企業の社会貢献の今日的課題

1　概　　説

　CSV（共通価値の創造）は社会的課題そのものをビジネスとするものであり企業活動として企業価値と社会価値の両方の価値を積極的に生み出そうとする経営戦略とされる。一方，社会貢献も例えばCRMのようにシステムとして本業を通して社会に貢献（社会的価値の創造）し，またこれにより自社にも経済的価値を生みだしていること前述のとおりである。しかし赤池・水上氏はCSRとCSVの見解に関して「CSRには，社会貢献的，義務的なイメージが定着しているため……ポータとクラマーが社会価値と企業価値を両立させる新しい経営のフレームワークとしてCSVという言葉を使い始めた」[24]とし，また「社会貢献の色の付いたCSRと切り離した」としている。換言すればCSVはCSRとは別物とする見解も見られる。

社会貢献は「社会貢献責任」として広義のCSR[25]のカテゴリーにあるとするのが一般的である（狭義のCSRには含まれない）ので，企業の社会貢献も赤池・水上氏の指摘するように，義務的イメージの強い社会貢献や企業活動の部

分的活動として社会的イメージアップを狙った一時的,散発的なものが多いことは否めない。(たとえば一時的キャンペーン)この点,CSVのように広く将来を見通し,社会の課題,メガトレンドなどを未来の視座から現在を見据えることや,持続可能な社会貢献戦略を構築する必要がある。社会的課題に対して取り組もうとする社会貢献[26]とCSVは基本的な方向性はほぼ同じではあるが,一つのあり方としてCSVのような姿ないし方向性が重要である。そこで今後,企業の社会貢献には次のような課題が検討されるべきである。

2 社会貢献ビジネスと体制の強化

CSVは社会的課題の解決そのものをビジネスとしており,それ故またビジネスそのものが社会的課題となっている。そこでSBやCBの今後の進展,拡大化は益々重要となる。一方で企業の社会貢献はマーケテング・システムとしてのCRMのようなことも考えられるが,それは一時的,部分的,短期的なケースが多い。長期的,持続的に,また社会的課題を全社的に対応する社会貢献を制度として行う視点をもっと重視した体制ないし構造が必要である。要するに,社会貢献の幅広い全社的なビジネス化である。

3 トップの意識,社員の意識そして人材育成

トップ層の意識が重要である。社会の変化や何が課題であり,現在および将来,自社のやるべきことを把握・提案できるトップでないと自社だけが発展すればよいという将来展望のみえない意思決定をする可能性がある。利他主義や長期展望性があり,見識のあるトップが必要である。一方,従業員はどうであろうか。社会貢献活動において従業員の中には義務的にやらされていると感じている者や関心の薄い者も多い。一部の従業員だけでなく,多くの従業員にその重要性(社会価値と企業価値の両立性などを)を理解し,協力を促進するような研修,教育をする必要がある。そしてこれに関連して将来の社会貢献やCSVを担う専門人材(プロデューサーやコーディネーターおよび社会的起業家など)の育成を図ることも大きな課題である。

4 ステークホルダーとの関係重視と連携

　企業を取り巻くステークホルダーとの良好な関係づくりは一層重要となる。プロジェクトへの参加，協力あるいは協働を行うことも今後益々重要となってくる。変化する社会の中で多様なステークホルダーとのネットワーク形成も課題である。

〔注〕
1) その他にもソーシャル・マーケティング（Social Marketing），ソーシャル・リスクマネジメト（Social Risk Management），SRI（Social Responsibility Investment－社会的責任投資）などもみられる。
2) 経団連会員企業の税引後利益の1％を寄附するという一種の仲介組織である。アメリカの経済団体には3％，5％のクラブもある。
3) 山岡義典編「企業フィランソロピーの構造と課題－日本の社会のために－」公益法人協会『公益法人』Vol.20, No2.1991年，9ページ。
4) N. R London,"Japanese Corporate Philanthropy" 1991.p.12.
5) オックスフォード辞典（Oxford English Dictionary, 1965）およびウェブスター辞典（Webster's Third New International Dictionary, 1981）による。
6) Arnaud C. Marts, "Philanthropy's Role Civilization", 1991.p.3.
7) 日本開発銀行「企業の社会的貢献（フィランソロピー）の方向と課題」同行『調査』第153号，1991年8月，9ページ。
8) 牧里毎治「社会起業と社会事業」神野直彦・牧里毎治編『社会起業入門』ミネルヴァ書房，2012年，6ページ。
9) 同上書，6ページ。なお，この点については「注」の26)も参照されたい。
10) 世良耕一「コーズ・リレーテッド・マーケティング－社会貢献をマーケティングに活かす戦略－」北樹出版，2015年，17ページ。
11) 同上書，29ページ。
12) 同上書，29ページ。
13) 谷本寛治「企業の社会的責任とマーケティング」日経BP社『宣伝会議』，No.650, 2004年1月，74ページ。
14) これについては江尻行男「コーズ・リレーテッドマーケティング」宮澤・城田・江尻編著『現代マーケティング－その基礎と展開－』ナカニシヤ出版，2009年229ページを参照。
15) 同上書，246ページの「注」を参照。
16) 同上書，239ページ参照。
17) 多い年で約30億円はあったとされる（日本郵政公社「国際ボランテア貯金推進協議会用データ集」2004年）。

18) CRMの復興事業の再開資金調達版として，3.11被災地では被災事業者が，半分が出資で半分が寄附という方法を行って災害直後の高い寄附マインドを活用して，事業資金の調達を行っていたケースもみられた。災害復興という訴求力のある社会的課題を旗印にしたものであったり，また出資金の見返り配当は現物（魚やワカメ等）であった（江尻行男「東日本大震災と寄附支援」久道・鴨池編『医療と福祉』東北大学出版会，2013年，302ページ参照）。
19) 「葉っぱビジネス」の他に高齢者が生涯現役で働くビジネスについては愛知県豊田市の「百年草ビジネス」や長野県小川村の「おやきビジネス」なども著名である。（江尻行男「生涯現役社会と高齢者ビジネス」東北福祉大学『生涯学習センター年報』第10号，2009年）なお，葉っぱビジネスについては，横石知二『生涯現役社会のつくり方』ソフトバンククリエイティブ株式会社，2009年および『そうだ葉っぱを売ろう』ソフトバンククリエイティブ株式会社，2007年を参照，ならびに同氏への「ヒアリング」などによる。
20) 詳細は江尻行男「東日本大震災と復興グッズビジネス－その生成と展開－」東北福祉大学『感性福祉研究所年報』Vol.15，2014年を参照。
21) たとえば京都のNGO［テラ・ルネッサンス］による岩手県大槌町にある「大槌刺子プロジェクト」や大阪の株式会社「福市」による岩手県遠野市にある合同会社「東北クロシュ村」などへの支援のケース。
22) たとえば福島県飯舘村の「までい着プロジェクト」，宮城県東松島で人気のある人形の「おのくん」を作っているグループなど。
23) たとえば宮城県の気仙沼市にある「気仙沼ニッティング」や同じく同県亘理町の袋物を作る「ワタリス」などが著名である。
24) 赤池学・水上武彦『CSV経営－社会的課題の解決と事業を両立する－』NTT出版，2013年，20ページ。
25) 持松志帆「地方中小・中堅企業と社会的責任－広義のCSRと社会貢献－」日本経営学会編『企業経営の革新と21世紀社会』2008年9月，230ページ。
26) 持松氏によれば，「P. F. ドラッカーは社会貢献で取り組もうとする社会的課題が組織の能力，価値観にも合致し，本来の活動から逸脱したものではなく，その延長上にあるものでなければならない」とされており，その意味ではドラッカーもまた社会貢献を社会的課題解決と本業の合一性，一体性を念頭に置いた概念把握をしているものと解せる（持松氏「同上論文」230ページより）。

第11章　環境と経営

はじめに

　本章は4つの節から構成される。第1節で環境全体の枠組みを考察する。現代から過去における環境関連の歴史を踏まえ，なぜ環境破壊が起きそれが問題化したのかを捉え，それぞれの問題の現状を理解する。第2節ではその問題と企業の因果関係を捉え，企業が環境問題とどう向き合えばよいのかという論点を整理する。第3節では，具体的に企業活動の中で環境を経営に取り込む具体策を考察し，各業界における例を挙げながら実際の環境経営を学び。第4節では環境経営の今日的課題を提示した。

第1節　環境問題を考える

1　環境問題とは

　環境とは，人間や社会や自然等を取り巻く状況のことである。環境問題が起きた原因はシンプルだ。「人間」が存在しなければ起きない問題だからである。例えば，しばらく庭や空地を放置しているとどうなるだろうか。自然の力であっという間に雑草などが生い茂り，緑化が進んでしまうだろう。

　古代の人々も当然社会活動を行っていたが当時の人口が多くないこともあり，人間の破壊力より自然の修復力のほうが高く，バランスが崩れることはなかった。しかし文明化が進み，18世紀中頃よりイギリスから始まった産業革命（工業革命とも言う）の蒸気機関の発明により，急速に大量生産化が進み，フランス・アメリカ・ドイツ・ロシア・日本等に順次広がったことをきっかけに，自然の回復力が人間の破壊力を下回るようになってきたのである。

　つまり人間が社会活動をする上で自然界の生態系バランスを壊した結果の産

物が，環境問題と言える。特に近代化が進むに連れ，これまで自然界に存在しなかった化学合成物が更に破壊を促している。

2 日常耳にすることのある環境問題の例を考察してみよう

地球温暖化，大気汚染，水質汚染，土壌汚染，酸性雨，ヒートアイランド現象，生態系破壊，砂漠化，森林破壊，赤潮，ゴミ問題等はニュースの常連である。簡単に幾つかの内容を考察してみたい。

(1) 地球温暖化

温暖化が地球に与える悪影響としては大きく分けて，①海面上昇②砂漠化③洪水の3つが挙げられる。温室効果ガス（Greenhouse Gas，GHGとも言う）やフロンガスが地球温暖化の主な原因因子である。温室効果ガスは，大気圏に存在し地表からの赤外線などの一部を吸収してしまい，温室のような効果を地球に与えている物質のことを指す。

温暖化に関する国際的な枠組みの国際条約である京都議定書では，二酸化炭素・メタン・亜酸化窒素・ハイドロフルオロカーボン類・パーフルオロカーボン類・六フッ化硫黄の6種類が排出量削減対象とされている。その中でも一番影響を与えているのが二酸化炭素（CO_2）であると，気候変動に関する政府間パネル（IPCC）による地球温暖化の報告書AR4で明らかにされている。次の表は最新版のAR5によるものである。

図11−1　人為起源温室効果ガス総排出量に占めるガス別排出量の内訳

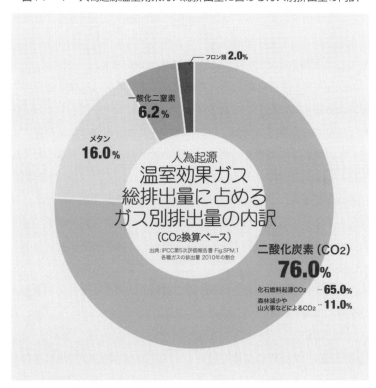

（出典）　全国地球温暖化防止活動センター作成，2017年8月20日アクセス（IPCC第5次評価報告書より作成）。

　本来地球を始めとする自然界には，自動的にバランスをとる機能が存在している。二酸化炭素なども一定の期間を経て酸素と水素に分解される。分解するのは，森林などの緑地や珊瑚である。ところが近年の自然破壊によりこの分解機能が，農地の減少，森林破壊，サンゴ礁の白化などにより機能低下に陥っている。

　特に地上の緑化の減少などに目が行きがちだが，温暖化は海にも大きな影響を与えている。海は人間と同じように温度調節機能を備えている。海水は海流によって様々なエリアを巡っているが，その間に温かい海水は深海で冷やされ

海流に乗る間に表面層にたどり着き，そこで大気から熱を吸収してまた海底に戻る，というシステムである。ところが数十年前から海水化循環する際に深海まで行くことができずに，結果温かいまま循環が繰り返されることが分かってきた。そして海面上昇などが起こり，最高地点が海抜4.5メートルのツバルやモルディブ，キリバスなどは国家全体が水没により消滅の危機に直面している。

最近ではあまり聞かなくなったフロンガスも，温暖化の大きな原因である。冷却材として永らくエアコンなどに使われ，普及した当初はアンモニアに代わる無害で夢の物質ともてはやされたが，実は大気中に放出されると紫外線により分解され，成層圏にあるオゾン層に到達するとオゾン（O_3）を破壊してしまう有害物質であることが分かったが，その因果関係が分かったときには，オゾンホールができてしまった後であった。そのためオゾン層を破壊する5種類のフロンガス（特定フロンと言われる）は，1985年3月22日採択されたウィーン条約と1987年9月16日にモントリオール議定書がそれぞれ採択されたことにより，製造・使用・輸入が禁止されるに至っている。環境アセスメントという考え方が浸透しはじめたのも，その前後である。

(2) **大気汚染**

大気汚染とは，大気中の気体・微粒子レベルの汚染物質が増加することにより，人体や自然に悪影響を及ぼすものである。前項目の地球温暖化に多大な影響を与えているのもこの大気汚染である。特に最近ではその1部であるPM2.5という言葉が耳に新しい。

産業革命を機に石炭・石油を使用することにより二酸化窒素が多く排出されて人体に多くの影響を及ぼし，その後様々な燃料を使用することにより，工場より多くのばい煙が排出されるようになった。19世紀のロンドンでは煙の「スモーク」と霧の「フロッグ」を併せた造語の「スモッグ」を産み出した。特に都市部では紫外線との化学反応により，「光化学スモッグ」の被害が多くなった。明治時代の急速な産業化の中で八幡製作所・釜石製作所のばい煙を起因とする公害が，日本における初期の大気汚染である。その後更に工業化の波が進み，京浜工業地帯・阪神工業地帯・北九州工業地帯等の発展と共に同様の被害

が広がっていった。1960年頃には，石原産業・昭和四日市石油・三菱油化・三菱化成工業・中部電力を原因企業とされる「四日市ぜんそく」などの被害も広がっている。

一方都心部では工業化の結果，所得の増加を産み出し自動車の所有が増加し，新たな車による排気ガスの問題も大きくなってきている。とは言え，現代社会では様々なファクターが複雑に絡み合っているため，問題解決の道のりは遠い。こちらを解けば，あちらが絡まるという感じだ。それくらい社会構成要素は複雑になっている。

(3) 水質汚染

我々人間を含めて動物は生活する上で水が必ず必要である。摂取する水も地球上を循環している。日本ではこの問題の代表的なものとして，イタイイタイ病・水俣病がある。また，タンカーなど船が座礁することにより海に流出した重油が魚や鳥などに付着して死んでしまうケースも近年のニュースではお馴染みである。

1910年のイタイイタイ病は，富山県で起きた日本初の公害認定されたものである。富山県の神通川流域の三井金属鉱業の工場排水にカドミウムが含まれ，魚の体内に蓄積されたり河川を農業用水として利用した農作物に蓄積し，それを口にした人間に大きな影響を及ぼした。

1956年の水俣病は，水俣市にある新日本窒素肥料という会社の排水にアルキル水銀が含まれており，それが海に流れ込みその地域で採れた魚の体内に蓄積され，それを食べた人間や動物に大きな影響を与えた。

また，この水質汚染のもたらす影響として赤潮や珊瑚の白化なども見過ごせない。赤潮は，直接の水質汚染物質ではないが，工場排水などに起因して特定のプランクトンが大量発生し水中の酸素を大量に奪うことにより，魚などが呼吸困難により死んでしまう現象を起こす。珊瑚の白化は，プランクトンが発生することにより光が海中の珊瑚まで届かず，珊瑚と共生する褐虫藻が光合成を行えなくなった結果，珊瑚に十分な栄養と酸素を供給することができなくなり，褐虫藻が珊瑚から出ていってしまう。つまり珊瑚はライフラインを絶たれる形

となり，死滅してしまう現象を指す。白化とは，褐虫藻がいなくなった珊瑚は白くなってしまうことから，珊瑚の白化と呼ばれるようになった。

　このような点からも安心安全な水を確保することは，人類や生態系にとって非常に大きな意味を持つ。

(4)　生態系破壊

　食物連鎖という言葉を聞いたことがあるだろうか？ピラミッドのような図を小学校の頃見た覚えがある，という方がほとんどであろう。

　人間や動物では，食べ物を口にしないと栄養を取ることができない。その源になっているのは，植物が光合成により産み出した有機物である。その植物を草食動物が捕食し，その草食動物を肉食動物が捕食する。肉食動物も最終的には土に還る。これが基本である。食べるけれども食べられてしまう可能性もある。これは海の中でも同じ構図である。ところがそれぞれのドメインにいる動物たちにとって食べる対象の数は種によってそれぞれ限定されているため，結果として安定を保っている。

　ところが人間が口にするのは，植物であり，動物であり，多岐に渡るのが現状である。人間がそのバランスを捕食によって崩しているのもまた現状である。バランスを崩してしまう理由は捕食だけではない。ペットとして飼っていた魚や動物が手に負えなくなり野に逃がすことにより外国産の生物が外来種として野生化しているものや，船などのバラスト水に混入して国をまたいで他の地域の生態系に混入してしまうケース，森林開発などにより住む場所を追われてしまうケースなど様々なケースが考えられる。近年では「アリゲーターガー」が日本の多摩川を始め各地で捕獲された，というニュースが耳に新しい。本来アリゲーターガーは北米に生息していたものであるが，ペットとして飼っていたのが放流されたケースなどで，聞くところによると多摩川にはこのような外来種は200種以上存在する，と言われている。

(5)　土壌汚染

　土壌汚染とは，油や農薬，重金属等の有害物質が土壌の中に人間の生活に影響を与える程度残留している状態を言う。

築地市場移転問題も費用負担の問題がある一方で，その背景には土壌汚染が存在する。移転先の豊洲に重大な土壌汚染が懸念されているのである。もともと1950年代〜80年代まで稼働した東京ガスの工場跡地であったものを東京都が譲り受けたのだが，この土地に環境基準の最大4万3千倍の特定有害物質のベンゼンが含有していることが2008年の調査で明らかになった。

またそれ以前には2004年に問題化した，旧三菱金属大阪精錬所の跡地に展開された大規模複合施設「大阪アメニティパーク」の土壌汚染問題が有名である。地下水に基準値を大きく超えたセレン・ヒ素等が含まれた状態であることを知りながらマンションを販売したとして，三菱地所と三菱マテリアルが宅建業法違反により大阪府警から家宅捜索を受けた。

ざっと主なものを挙げてみたが，あることに皆さんは気づいているだろうか？地球温暖化も水質汚染も大気汚染も生態系破壊も総て人間が自然界のバランスを崩した結果の産物であることを。そしてそこに人間の経済集合体である企業が介在している事実を。それを踏まえた上で，次節以降では解決に向けたメカニズムを考察していきたい。

第2節　企業と環境問題

1　公害と環境問題の違い

前節でも述べたように，日本はかつて明治時代から政府が主導した「脱亜入欧」という産業の近代化の産物として，公害という名の環境破壊が結果として企業先導で行われてきた。日本で最初の公害である19世紀後半の明治時代に起きた「足尾銅山事件」は古河鉱業，1910年頃の「イタイイタイ病」は三井金属鉱業，昭和に入ってからは1956年の「水俣病」は新日本窒素肥料，1960年の「四日市ぜんそく」は石原産業，昭和四日市石油，三菱油化，三菱化成工業，中部電力などが原因企業であった。

ただここに挙げた例は，あくまで公害であり環境問題とは若干異なる。これ

までは公害対策を公害対策基本法で，対自然に対しては自然環境保全法で対応してきたが，横断的かつ複雑化したグローバル化した問題に対応する法律が必要とされた。その結果産み出されたのが，1993年に施行された環境基本法である。それと同時に公害対策基本法は廃止され，自然環境保全法は環境基本法に準じた形に改められた。

　環境基本法によると，「公害とは，環境の保全上の支障のうち，事業活動その他の人の活動に伴って生ずる相当範囲にわたる7つの要素（典型7公害）大気汚染，水質汚染，土壌汚染，騒音，振動，悪臭，地盤沈下によって人の健康又は生活環境（人の生活に密接な関係のある財産並びに人の生活に密接な関係のある動植物及びその生育環境を含む。）に係る被害が生ずること」をいう。

　簡単に捉えてみると，公害は環境問題の一部であると考えるのがよいだろう。公害は対人間への影響だが，環境問題は人間だけで無く生態系など広い範囲への影響である。地球規模で考えると公害は狭い影響範囲であるが，環境問題の影響は広範囲に渡る。

　公害は原因企業が特定しやすいが，環境問題は特定企業と言うより企業が形成する社会に原因因子が存在する。そのため公害と同じベクトルで環境問題を解決することは難しい。公害問題は原因企業が特定されやすいが故に法律的に解決し易い。ところが環境問題は複合的な故に長期的に影響が広範囲に渡ることが多いため，直接的に解決することは難しく，まるで固くこんがらがっている凧糸を解くように根気よく自主的に解決策を模索しないと解決が難しい。

2　企業として環境を考える

　社会を急激に変化させるのではなく，徐々に負荷の無いように変化させることが重要である。そのためには，社会の一員である我々や企業が，各自宇宙船地球号の乗組員だ，という意識を持つことが重要である。企業も社会に大きな影響を持つステークホルダーなのである。しかし個人の力も大きいが，限界がみられる。企業を中心に環境問題へのアプローチを考えたほうが効率がいい。そのためにも理解しておくべきキーワードをいくつか考察してみよう。

(1) 3R (Reduce Reuse Recycle)

3Rの考え方は，Reduce → Reuse → Recycleの順番で行う。

・Reduce

　必要のないものを貰わなかったり，無駄なゴミの量をできるだけ少なくすること。小売店のレジ袋有料化に伴うエコバッグ持参を促すマイバッグ運動も一例である。近年よく耳にする所有せずに共有するシェアエコノミーもこの考え方に近いと言えよう。

・Reuse

　使ったものを捨てずに再利用すること。最近ではあまり見なくなったが，瓶ビールや酒の一升瓶等のリターナブルボトルをイメージしよう。最近では物資の軽量化の流れで缶，ペットボトルや紙パックにその座を奪われている。その他は身近なもので詰め替え用が併売されているシャンプーやボディソープもその一例である。

・Recycle

　ゴミを資源として再利用すること。ゴミの分別などが現代では当然になったが，高度経済成長時代はその概念はなかった。ペットボトルや紙パックや再生紙はこの考え方の産物だ。

　これら3Rの最終的な理想形は，社会全体として廃棄物を出さない生産のあり方を目指す「ゼロ・エミッション」である。ただ，ゼロ・エミッションは廃棄物ゼロと誤解されがちであるが，実際の本質は食物連鎖を手本とした資源循環型社会構築のコンセプトである。

(2) CSR (Corporate Social Responsibility)

　日本語では企業の社会的責任と訳される。CSRは2000年に入ってから広く使われ始めた。企業は自己の利益だけでなく自己の活動により社会への影響を与える総ての影響に対して責任をもつことを言う。社会全体をステークホルダーと考えれば当然のことであり，その行動には透明性が求められる。2010年にはISO (International Organization for Standardization国際標準化機構) よりISO 26000 (社会的責任に対するガイドライン) が発行された。

(3) ISO 14001

ISOによって定められた環境マネジメントシステムの国際規格。1992年の地球サミット前後よりEU（欧州連合）ICC（国際商工会議所）周辺から，持続可能な社会の構築へ関心が高まってきた。その動きを受け，1993年よりISOでは環境マネジメントシステムの国際規格への検討が始まり，1996年に中心となるISO 14001が発行された。ISO 14001は経営陣の責任ある関与を求めたトップダウン型を想定したPDCAモデルであり，PDCAサイクルを繰り返すことによって環境マネジメントシステムのレベルを継続的に改善していこう，というものである。この規格の狙いは「環境パフォーマンスの向上」「順守義務を満たすこと」「環境目標の達成」の3点である。

当然これ以外にも関連するキーワードがあるが，最低限上記の3つは覚えたい。

第3節　環境経営のメカニズム

1　環境経営の基本

環境経営とは，宇宙船地球号の乗組員である我々が，どのようにすればその船と永く共存できるかを，会社の視点で考察し実行することである。そのためにも消費社会のあり方も含め考えていかなければならないが，そこでぶつかる大きな壁が「経済発展と環境保全の両立」である。そのためにも地球への負荷の少ない経済のグリーン化を進めることが必須とされる。2005年にはグリーン購入法によって，国や自治体や民間企業に環境にやさしいものを買う「グリーン購入」という考えが促進された。グリーン購入の基本的な考えは，再資源化のメカニズム構築の促進である。

企業のミッションは「持続的な発展」であるが，我々は地球上で活動する限り，地球と共存しなければならない。そのために「持続的な経済発展と環境保全の両立」を行うのが，環境経営の基本的な考え方である。企業は法人とも称されるように「法的に人」と定められている。つまり，基本的な部分は「個人

すなわち自然人」と同じ考え方である。人間が健康で長生きを望むように、企業も（社会的に）健康で（社会的に）長生きすることが望まれる。

環境省「環境情報の利用促進に関する検討委員会」が取りまとめた環境経営の方向性は以下の6点が重要とされる。

(1) **経営者の主導的関与**

法人としての責任所在の明確化を含め、ステークホルダーへのコミットメントが必要である。

(2) **環境への戦略的対応**

中長期的視点に立ったリスクや事業機会に戦略的に対応することが必要である。

(3) **組織体制とガバナンス**

戦略的対応ができる柔軟な組織づくりと健全な組織運営が求められる。

(4) **ステークホルダーへの対応**

利害関係者（ステークホルダー）のニーズを理解し、透明性のある情報公開と説明責任があることを認識しなければならない。

(5) **バリューチェーン志向**

原料の調達から製品が廃棄されるまで（Value Chain　価値の連鎖）の全体像を総合的に理解し、重要課題に向き合い対話を続けることが重要。

(6) **持続可能な資源・エネルギーの利用**

資源効率性の向上を念頭に置いた持続可能な資源利用が必要である。

2　インプットとアウトプット

企業はサービスを売っている。仕入れて価値を加え完成した商品というサービスを売って収益として存続するが、その過程で着眼するべきポイントは大きく分けて2つある。インプットとアウトプットである。大事なポイントはインプットよりもアウトプットに重点を置いて考えることである。実際に環境問題のニュースで目にするのはインプット側が多いが、実際の問題のスケールが大きいのはアウトプット側である。

図表11-2 環境配慮型経営の仕組み

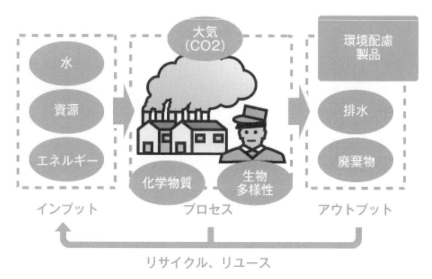

（出典）環境省環境配慮経営ポータルサイトより引用，2017年8月20日アクセス。

　インプットからの環境経営は，上記の図であるように企業の仕入れや法人として生きるうえでの必要コストの部分である。その中でも大きな問題は「資源の枯渇」である。資源は自然由来なので，自然界での生産量を人間界での消費量が上回れば，必ずいつかは枯渇してしまう。

　特に企業では大量の資源やエネルギーを使用して生産活動を行っている。天然ガス・石油・石炭などのエネルギーは，基本的に地下に存在する化石燃料でそれを燃やすことによってエネルギーに変換している。そのときに放出されるのがCO_2で，自然界に存在しているCO_2を人の力で増やしている。ところがその使用するエネルギーを自然エネルギーに置き換えると大気中のCO_2量は増加しない。温暖化の原因のCO_2が増加しないのは，当然ながら良いニュースだ。しかし資源関連は重要な問題は問題であるが，新しい産地が発見されたり技術力の工場により消費量が減少したり代替財が発見されるなどで，枯渇すると言われる期間よりも実際は少しずつ先延ばしされているのが現状である。

一方アウトプットからみた環境経営は「製品」と「廃棄物」の2つの視点がある。製品を造る途上で廃棄物が出る。また製品には寿命がある。製品寿命を終えたものは廃棄物として処理されるが，NIMBY問題（Not In My Backyard迷惑施設問題）等で処理施設の不足が解消できていない。そのためできるだけ環境負荷の少ない製品を創ることが企業に求められている。環境配慮設計された製品，例えばLED電球，エアコンや冷蔵庫など使用電気量の少なさを売りにした電気製品が近年では身近になってきている。

実際の業界ではどのように導入されているか考察してみよう。環境経営はどの業種にも導入できる。小売業界，観光業界，製造業，商社や飲食業など様々な総てに通用するが，業種のインプットとアウトプットに着眼すれば考えやすいだろう。

小売業のインプットはエネルギーのアプローチから地産地消や商材として有機野菜などのグリーン資源の利用が考えられる。アウトプットとしては，商品包装の簡素化，エコバッグの推進や環境や健康によい商品の開発などが考えられる。また賞味期限目前の商品を格安で販売するのも廃棄物の減少に繋がる。

観光業界では，エコツーリズムなどの商品開発やアメニティのシャンプーやボディソープを個別包装からボトルで使用すること，バスタオルやベットカバーの交換を自動的に毎日行うのではなく利用者の申し出によって交換への変更，排水の中水化なども廃棄物の減少に繋がるのでアウトプットとして非常に有効である。その中でも星野リゾートはREIT（不動産投資信託）などを活用して，環境経営を積極的に採り入れている企業として有名である。

飲食業界もやはり地産地消が重要であるが，アウトプットとして非常に大事なのが食品残渣でその多くは焼却処理されているのが現状である。日本は特に食料自給率がカロリーベースで38％（2016年度）と先進国の中で最も低く，輸入に頼っている。農水省や環境省ではその食品残渣を「食品循環資源」と位置づけて飼料化を推進している。

金融業は一見イメージしづらいが，アウトプットに着眼すれば実は社会にとって大切な役割を担っていることに気づく。金融とは金が余っているところ

から金を必要とするところへの橋渡しをすることである。例えばSRI（Socoial Resoponsible Investment）の1つであるエコファンドは1999年に日興証券が売り出したのをきっかけに金融を通じで企業と環境の関連が一般的になった。その後2012年以降は下火になってきている。その要因の1つにあげられる「エコファンド＝ボランティア投資」がイメージとして定着し，儲からないイメージになってしまったのだ。それを覆すために社会・環境インパクトと投資リターンを同時に追求するESG（Environment Social Governance）投資へと移行してきている。2014年にロックフェラー・ブラザーズ・ファンドが化石燃料への投資から撤退したケースや2015年ノルウェー政府年金基金の石炭に依存する企業への投資を止めたケースが有名である。時代に合わせた環境商品の開発が金融業界のアウトプットであり，それが社会を支援することに繋がる。

　このようにどのような業種であろうが，インプットとアウトプットに着眼してそれをアイデアと技術でカバーして企業価値を高めることが，シンプルな環境経営の考え方のコツである。

第4節　環境経営の今日的課題

　環境経営学会の基本理念にもあるように，持続可能な社会を構築への取り組みには，国際的視野に立った事業者と市民が一致協力して環境保全につとめ，資源の効率的使用と循環を進める倫理性の高い社会を構築して行くことが求められる。

　そのためにも産官学の連携は欠かせない。学の研究的ポジションも重要だが，実は環境教育を担う機関としても機能するべきである。ISO 14001における環境教育の必須の3段階「自覚」「訓練」「能力」の基礎的部分を一般教養や義務教育の中で養い社会基盤の常識として市民が各自考えられるようになるべきであると言えよう。未来は変えられると信じるのではなく，未来を変えるために行動するのである。

〔参考文献〕
1) 後藤尚弘・九里徳泰『基礎から学ぶ環境学』朝倉書店, 2013年, 52-67ページ。
2) 渡辺パコ『環境経営の教科書』かんき出版, 2003年, 130-179ページ。
3) Masahide Tanaka, Natural Resource ／ Energy Limitations and Environmental Coexistence Policy, Journal of Japan Association for Human and Environmental Symbiosys vol.8 (2003.7).

あとがき

　社会が成り立つための基本的条件の1つは，社会が必要とする財・用益の産出，ならびに生み出された財・用益の適切な配分に関わる社会的な仕組みないし制度が存在することである。今日の資本主義経済社会では，企業がそうした制度の中核に位置するに至っている。企業は財・用益の生産ならびに収益の配分というその基本的活動を通じて，社会における財・用益の生産と配分に寄与する。社会の人々は消費者，株主，従業員，資材供給者等といったステークホルダーとして企業と関わりあうことを通じて，その経済的な生活を営んでいる。企業はこの意味で，本来的に社会の制度であるといってよい。そして，大規模株式会社企業の展開，ならびに企業への社会の人々の依存の増大の中で，企業のかかる制度的性格は一段と明確となっている。社会の制度となっている現代の企業にあってはその社会的正当性はなによりも，各種のステークホルダーの経済的期待への適切な応答ならびに企業自身の発展的維持の確保に掛かっている。むろん，企業がその社会的正当性を獲得するためには，それは経済的領域以外においても社会の期待にそれなりに応えることを必要としていることも明らかである。

　このように制度化した今日の企業の担い手としての経営者は，様々な経営政策的課題に直面している。

　第1に，経営者は制度的企業に相応しい企業指導原理とは何かについて考えるとともに，そうした指導原理を経営目的に内在化させねばならない。株主価値や企業価値に立脚する伝統的な企業指導原理の見直しが求められているといってよい。

　第2に，経営者は経営目的を実現するための経営政策の策定と遂行に努めることを必要とする。企業はグローバル化した市場の中で厳しい企業競争に直面しており，経営者はその経営戦略，管理活動，ならびに経営組織について考えねばならない。経営者はまた，コーポレート・ファイナンス，マーケティング，

人的資源管理等の部門管理における新たな対応課題にも取り組まねばならない。

　第3に，産業社会と市場メカニズムがもたらしてきたさまざまな社会的課題への対応，すなわち自然環境の保全や文化・社会の健全な発展への積極的寄与がますます，その社会的責任として企業に課せられていることである。自然や社会と調和した持続可能な経済発展の実現を目指して，どのようにして社会貢献活動を行うのかが，企業経営の重要な今日的課題となっている。

　第4に，競争市場への企業適応活動と社会的責任関連の企業活動の統合・止揚をいかにして図るかも，今日の経営の課題となっている。かかる課題は，資本主義経済体制や市場経済体制の行方についても考えるという，極めて困難な課題を提示するものでもある。

　第5に，社会ならびに諸ステークホルダーの期待に適うよういかにして経営者にその職務を，効果的・効率的・倫理的に遂行せしめるかもまた，重要な経営課題となっている。

　かくの如く種々の問題が今日，企業経営の戦略的課題として展開を見ている。現代の経営学研究はこうした課題に応えることを求められているといってよく，本書の狙いも，かかる期待に企業経営が応えるための手引きを提供することにある。こうした本書が経営学の研究と教育に多少なりとも貢献することができるならば，編著者の喜びこれに過ぎるものはない。

　本書の刊行の経緯について述べるならば，きっかけは2016年の夏に経営学関係の学会会場で筆者（櫻井）が城田吉孝教授より，経営学関連書籍の共同執筆の企画を頂戴したことにある。企画の意図は，経営学が取り扱う基本主題を体系的に論じるとともに，ダイバーシティ，企業の社会的責任（CSR），企業社会貢献活動における新展開，等といった企業経営の今日課題についても考察するような，そして学部学生や社会人のための経営学テキストとしてのみならず，経営学研究者向けの書物としても役立つような経営学書の執筆にあった。経営学研究領域の拡大と研究内容の深化が顕著となっている今日，そのような書物の作成には大きな困難が予想されたが，幸いにも，経営学研究分野の長老であり，現在も学界においてリーダーシップを発揮しておられる菊池敏夫先生，

あとがき

ならびに組織論研究者として高名な田尾雅夫先生のお二人に編著者として加わって頂くことができた。また，経営学研究に精力的に取り組んでいる，新川本，日隈信夫，高橋真，藤波大三郎，加藤里美，小野琢，江尻行男，田中正秀の諸先生方（執筆順）に執筆を引き受けて頂くとともに，出版についても株式会社税務経理協会のご快諾を得ることができ，企画が具体化することになった。本書刊行の経緯は以上の様であるが，本書が刊行を見るに至ったのは何よりも，企画から出版までの全プロセスにおいて労を惜しまれなかった城田吉孝教授の存在にあること，また，小野琢，加藤里美の両先生には編集にあたっても何かとお世話になったことを記して，結びとする。

2018年1月

　　　　　　　　　　　　　　　編著者を代表して　　櫻井　克彦

索　引

【欧文】

3 R ……………………………… 209
CRM …………………………… 189
CSR …………………………… 209
CSV ………………… 165, 178, 197
DCF法 ………………………… 135
DC戦略 ………………………… 106
ESG ……………………… 165, 178
IRR …………………………… 139
ISO 14001 ……………………… 210
ISO 26000 ……………………… 177
MM理論 ………………………… 140
nepia-千のトイレプロジェクト …… 193
NIMBY問題 …………………… 213
NPV …………………………… 136
OODAループ ………………… 103
P・R（public relations）……… 171
PDCAサイクル ………………… 91
PPM …………………… 71, 125
ROA …………………………… 141
ROE …………………………… 140
SBU …………………………… 126
SWOT分析 ………………… 72, 73
WACC ………………………… 138
X理論 …………………………… 99
Y理論 …………………………… 99

【あ行】

意思決定 ……………………… 116
石田梅岩 ……………………… 172
石門心学 ……………………… 172
営利企業 ………………………… 3
近江商人 ……………………… 174
オートポイエーシス …………… 128
オープン・システム …………… 113
オハイオ研究 ………………… 156

【か行】

外部成長（external growth）方式 …… 8
外部役員 ………………………… 48
合併と買収（M & A-Merger & Acquisition）……………………… 8
株価収益率 …………………… 145
株式会社 ………………………… 3
株式評価 ……………………… 136
株式分散の高度化 …………… 168
環境経営 ………………… 210, 214
環境適合 ………………………… 39
環境動向 ………………………… 26
環境と企業 ……………………… 38
環境配慮型経営 ……………… 212
環境分析 ………………………… 72
環境変化の速度 ……………… 107
環境問題 ………………… 201, 207
監査等委員会設置会社 ……… 49, 59
監査役会設置会社 ……………… 56
管理活動 ………………………… 88
管理過程論 ……………………… 90
管理原則 ………………………… 88
管理的意思決定 ……………… 117
管理的活動 ……………………… 88

機関 ……………………………… 169
企業（business enterprise, firm）……… 3
企業市民活動 ……………………… 185
企業体制発展の原理 ……………… 165
企業体制論 ………………………… 165
企業の形態 ………………………… 35
企業の社会貢献（活動）………183, 193
企業の社会的責任（Corporate Social
　Responsibility, CSR）……………… 165
企業の存立 ………………………… 40
企業のとらえ方 …………………… 32
企業評価 …………………………… 136
企業目的 …………………………… 18
企業論と経営論 …………………… 15
期待理論 …………………………… 151
機能別戦略 ………………………… 81
キャッシュフロー ………………… 135
キャリア・コミットメント ……… 159
業界の構造分析の基本骨格 ……… 76
共生原理 …………………………… 25
競争優位性 ………………………… 74
協働システム ……………………… 112
業務的意思決定 …………………… 117
グリーン購入 ……………………… 210
クローズド・システム …………… 113
経営（business administration,
　management）……………………… 7
経営学の方法 ……………………… 13
経営学の問題領域 ………………… 14
経営自主体 ………………………… 168
経営人（管理人）モデル ………… 118
経営政策 …………………………… 19
経営戦略の概念 …………………… 66
経営戦略の基本的な構成要素 …… 69

経営戦略の系譜 …………………… 82
経験効果 …………………………… 70
経済的立地因子 …………………… 9
経済人 ……………………………… 94
経済の内部化 ……………………… 128
形態選択の今日的課題 …………… 44
形態の多様性 ……………………… 31
権限受容節 ………………………… 115
現代的企業 ………………………… 168
現代ポートフォリオ理論 ………… 133
公益性責任 ………………………… 170
公害 ………………………………… 207
公共性責任 ………………………… 171
公式組織 …………………………… 114
コーズ・リレーテッド・
　マーケティング ………………… 189
コーポレート・ガバナンス
　（企業統治）…………………10, 47, 61
コーポレート・ファイナンス …131, 145
コーポレート・フィランソロピー
　（Corporate Philanthropy）……… 183
国連グローバル・コンパクト …… 177
コンティンジェンシー・アプローチ … 156
コンティンジェンシー理論 ……… 128
コンプライアンス ………………… 10

【さ行】

最適資本構成 ……………………… 142
サイバネティックス ……………… 128
産官学の連携 ……………………… 214
産業革命 …………………………… 85
三方良し …………………………… 174
事業戦略 …………………………… 80
事業投資 …………………………… 138

索　引

事業部制組織 …………………… 104, 122
事業分野（domain）………………… 4
資源展開 ………………………………… 70
自己選択型制度 ……………………… 160
自己組織性 …………………………… 128
仕事づくり（Cash for Work）……… 196
自然的立地因子 ………………………… 9
シナジー ………………………………… 78
渋沢栄一 ……………………………… 175
資本家 ………………………………… 166
資本構成 ……………………………… 140
資本コスト …………………………… 131
資本資産評価モデル ………………… 134
資本的企業 …………………………… 167
資本と経営の分離 …………………… 167
指名委員会等設置会社 …………… 49, 57
社会人 …………………………………… 94
社会性責任 …………………………… 170
社会戦略の研究アプローチ ………… 68
社会的責任経営 ……………………… 20
社会問題解決的 ……………………… 184
社外役員 ……………………………… 53
自由の女神像改修プロジェクト …… 192
条件適合理論
　（コンティンジェンシー理論）…… 105
情報の非対称性 ……………………… 143
職能別組織（職能部門組織）…… 87, 120
職務 …………………………………… 169
職務満足・自己実現 ………………… 98
所有と経営の分離 ……………………… 86
シンギュラリティ …………………… 129
人的企業 ……………………………… 166
人的資源管理 ……………………… 147, 160
人類愛 ………………………………… 184

水質汚染 ……………………………… 205
ステークホルダー（stakeholder）7, 18, 199
生業・家業 …………………………… 166
生態系破壊 …………………………… 206
制度的企業 …………………………… 17
制度と企業 …………………………… 34
責任（responshibyity）……………… 169
全体戦略 ………………………………… 79
専門経営者 …………………………… 168
戦略的意思決定 ……………………… 117
戦略的社会貢献活動 ………………… 189
戦略的社会責任 ……………………… 22
戦略の本質 ……………………………… 67
相互依存構造 ………………………… 191
創発戦略 ……………………………… 104
ソーシャル・ビジネス
　（Social Business）………………… 194
組織 ……………………………… 111, 125
組織均衡理論 ………………………… 115
組織コミットメント ………………… 158

【た行】

大気汚染 ……………………………… 204
対境関係 ……………………………… 170
ダイバーシティ ……………………… 161
対立・闘争 ……………………………… 95
タスク・フォース …………………… 124
地球温暖化 …………………………… 202
地球サミット ………………………… 177
ディーセント・ワークス …………… 161
定率成長配当割引モデル …………… 137
天地自然の理 ………………………… 172
伝統的企業 …………………………… 16
動機づけの衛生理論 ………………… 102

道徳経済合一説 …………………… 175
独立役員 …………………………48, 53
土壌汚染 …………………………… 206
ドメイン …………………………… 69
取締役会 …………………………52, 60
取締役会設置会社 ………………… 56

【な行】

内発的モチベーション …………… 150
内部成長（internal growth）方式 … 8
日本型HRM ……………………… 148
日本企業の閉鎖性 ………………… 24
日本的HRM ……………………… 149
日本的経営 ………………………… 23
二律背反構造 ……………………… 191
人間関係論 ………………………… 93
ネットワーク型組織 ……………… 128

【は行】

配当無関連命題 …………………… 144
働き方改革 ………………………… 161
葉っぱビジネス …………………… 194
非営利企業 ………………………… 3
ファイブ・フォーセズ・モデル …… 75
フィランソロピー元年 …………… 188
復興グッズ・ビジネス …………… 195
不適合 ……………………………… 97
フリー・キャッシュフロー ……… 132
プロテスタンティズム …………… 176
プロフェッショナル・コミットメント …………………………… 160

プロボノ活動 ……………………… 186
ペイアウト ………………………… 143
ホーソン実験 ……………………… 92
本社組織 …………………………… 10

【ま行】

マッチングギフト ………………… 186
マトリックス ……………………… 125
ミシガン研究 ……………………… 155
三つの基本戦略 …………………… 77
目標管理 …………………………… 153
目標設定理論 ……………………… 153
モチベーション …………………… 149

【や行】

欲求段階説 ………………………… 96

【ら行】

ラインとスタッフ ………………… 119
リーダーシップ …………………… 154
リーダーシップ論 ………………… 101
利害関係者（stakeholder ステイクホルダー） ……………………… 11, 170
利他主義（enlightened self-interest）… 187
立地因子（location factor） ……… 9
連結ピン …………………………… 100

【わ行】

ワーク・ライフ・バランス ……… 161
ワンパーセントクラブ …………… 183

執筆者一覧（執筆順　※編者）

※　菊池　敏夫（きくち　としお）　　　　　　　　はしがき　序章　担当
　早稲田大学大学院経済学研究科修士課程修了
　日本大学名誉教授
　専　　攻：現代企業論，企業統治論，企業行動の国際比較研究
　主要著作：『企業統治の国際比較』（編著）文眞堂　2000年，『現代経営学〔4訂版〕』税務経理協会　2006年，『現代企業論－責任と統治－』中央経済社　2007年，『企業統治論』（編著）　税務経理協会　2014年

※　櫻井　克彦（さくらい　かつひこ）　　　　　　第1章　あとがき　担当
　名古屋大学大学院経済学研究科博士課程　単位取得退学　経済学博士
　名古屋大学名誉教授，長崎大学名誉教授，東海学園大学名誉教授
　専　　攻：経営学原理，企業と社会，企業社会責任論
　主要著作：『現代企業の社会的責任』千倉書房　1976年，『現代企業の経営政策』千倉書房　1979年，『現代の企業と社会』千倉書房　1991年，『現代経営学』（編著）税務経理協会　2006年，『現代経営学－経営学研究の新潮流－』（編著）税務経理協会　2006年

※　田尾　雅夫（たお　まさお）　　　　　　　　　第2章　担当
　京都大学文学部研究科博士課程　単位取得退学　博士（経済学）
　京都大学名誉教授
　専　　攻：組織心理学，組織論，非営利組織論
　主要著作：『組織の心理学』有斐閣　1999年，『公共経営論』木鐸社　2010年，『現代組織論』勁草書房　2012年など

　　新川　本（しんかわ　もと）　　　　　　　　　第3章　担当
　日本大学大学院経済学研究科博士前期課程修了
　長崎県立大学経営学部准教授
　専　　攻：企業統治論，経営組織論
　主要著作：『企業統治と経営行動』（共著）文眞堂　2012年，『企業統治論』（編著）税務経理協会　2014年

※　城田　吉孝（しろた　よしたか）　　　　　　　　第4章　担当
　　愛知学院大学大学院商学研究科博士課程　単位取得満期退学
　　東京福祉大学非常勤講師
　　専　　攻：マーケティング論，経営戦略論，流通経営論
　　主要著作：『ポイントマーケティング情報論』中部日本教育文化会　2015
　　　　　　年，『マーケティング戦略論』（編著）学文社　2011年，『現代
　　　　　　マーケティング』（共編著）ナカニシヤ出版　2009年，『現代
　　　　　　商学』（編著）税務経理協会　2004年

　　日隈　信夫（ひぐま　しのぶ）　　　　　　　　　　第5章　担当
　　早稲田大学大学院社会科学研究科地球社会論専攻博士後期課程　単位取
　　得満期退学
　　中央学院大学商学部准教授
　　専　　攻：経営戦略論，経営管理論，企業統治論
　　主要著作：『基本経済学』（共著）八千代出版　2018年

　　高橋　真（たかはし　まこと）　　　　　　　　　　第6章　担当
　　亜細亜大学大学院経営学研究科博士課程　単位取得退学
　　函館大学商学部教授
　　専　　攻：マネジメント論，経営行動論
　　主要著作：『専門基礎ライブラリー新版経営学』（共著），「ＩＴシンギュ
　　　　　　ラリティとマネジメント－労働時間の管理に焦点をあてて－」
　　　　　　（『松蔭論叢』第12号に収録）

　　藤波　大三郎（ふじなみ　だいさぶろう）　　　　　第7章　担当
　　東京大学法学部卒業
　　中央大学商学部兼任講師
　　専　　攻：金融論，銀行論
　　主要著作：『わが国の銀行行動と金融システム』三恵社　2015年

加藤　里美（かとう　さとみ）　　　　　　　　　　第8章　担当
名古屋大学大学院経済学研究科博士後期課程修了　博士（経済学）
愛知工業大学経営学部経営情報システム専攻教授
専　　攻：人的資源管理　国際経営　異文化経営　キャリアデザイン
主要著作：「日本企業の女性活用－ダイバーシティ・マネジメントへ向け
　　　　　て－」（共著，『現代経営学－経営学研究の新潮流－』税務経
　　　　　理協会　2006年）

小野　琢（おの　たく）　　　　　　　　　　　　　第9章　担当
明治学院大学経済学研究科博士後期課程　単位取得満期退学
愛知産業大学経営学部総合経営学科准教授
専　　攻：企業体制論，企業と社会の関係論
主要著作：「山城章－主体的な企業観・実践経営学の確立者－」（共著，
　　　　　『経営学史叢書ⅩⅣ　日本の経営学説Ⅱ』文眞堂　2013年）

江尻　行男（えじり　ゆきお）　　　　　　　　　　第10章　担当
駒澤大学大学院商学研究科博士課程　単位取得満期退学
東北福祉大学名誉教授
専　　攻：マーケティング論，リスクマネジメント論，福祉産業論
主要著作：「介護をめぐるソーシャル・リスクマネジメント」（共著，『リ
　　　　　スクマネジメントの本質』同文舘出版　2017），「コーズ・リ
　　　　　レーテッドマーケティング」（共著，『現代マーケティング－
　　　　　その基礎と展開－』ナカニシヤ出版　2009）

田中　正秀（たなか　まさひで）　　　　　　　　　第11章　担当
東京工業大学社会理工学研究科博士後期課程修了　博士（学術）
神戸医療未来大学人間社会学部教授
専　　攻：環境政策，経営戦略
主要著作：『都市環境整備論』（共著）有斐閣　2001年

現代の経営学

2018年3月20日　初版第1刷発行
2019年4月20日　初版第2刷発行
2020年4月20日　初版第3刷発行
2024年6月1日　初版第4刷発行

編著者　菊池敏夫
　　　　櫻井克彦
　　　　田尾雅夫
　　　　城田吉孝

発行者　大坪克行

発行所　株式会社 税務経理協会
　　　　〒161-0033東京都新宿区下落合1丁目1番3号
　　　　http://www.zeikei.co.jp
　　　　03-6304-0505

印刷所　光栄印刷株式会社

製本所　牧製本印刷株式会社

本書についての
ご意見・ご感想はコチラ

http://www.zeikei.co.jp/contact/

本書の無断複製は著作権法上の例外を除き禁じられています。複製される場合は、そのつど事前に、出版者著作権管理機構（電話03-5244-5088, FAX03-5244-5089, e-mail：info@jcopy.or.jp）の許諾を得てください。

JCOPY ＜出版者著作権管理機構 委託出版物＞

ISBN 978-4-419-06493-8　C3034

© 菊池敏夫・櫻井克彦・田尾雅夫・城田吉孝 2018 Printed in Japan